KB174438

시간을 정복한 남자,

류비셰프

Copyright ⓒ 1974 by Daniil Alexandrovich Granin

Korean Translation Copyright ⓒ 2004 Taurus Books

The Korean edition was published by arrangement with Daniil Alexandrovich
Granin through Literary Agency Y.R.J. Seoul

이 책의 한국어판 저작권은 유리장 에이전시를 통한 저작권자와의 독점 계약으로
황소자리에 있습니다. 저작권법에 의해 한국 내에서 보호를 받는 저작물이므로
무단 전재와 무단 복제를 금합니다.

시간을 정복한 남자
류비셰프

다닐 그라닌 | 이상원 조금선 옮김

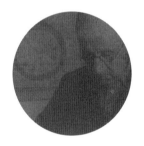

황소자리

알렉산드르 알렉산드로비치 류비셰프
Aleksandr Aleksandrovich Lyubishev

1890년	러시아 상트페테르부르그에서 태어났다.
1911년	페테르부르그 대학교 물리-재료학부를 졸업하고,
1923년~1925년	페름 대학교에서 조교수로 근무했다.
1920년대 후반	사마르 연구소 연구원을 거쳐,
1930년대	레닌그라드 연방식물보호연구소에서 농촌 곤충학을 연구했다.
1937년	키예프 생물연구소의 생태부장으로 재직했고,
제2차 세계대전 중	프르제발스크와 프룬제의 연구소에서 근무했다.
1950년	울리야노프스크 교육대학의 동물학부장으로 부임,
1955년	65세의 나이로 은퇴할 때까지 그곳에 재직했다.
1972년	8월 31일, 82세를 일기로 세상을 떠났다.

권위에 예속되지 않은 자유로운 연구와 논쟁을 강조했던 류비셰프는 전공인 곤충분류학과 해부학은 물론 유기체의 형태 및 체계, 수리 생물학, 유전학, 진화론, 심지어 분산분석과 철학, 역사학 등에 걸쳐 방대한 저서를 남기며 20세기 러시아 과학사를 견인했다.

철저한 시간 관리와 왕성한 지적 호기심으로 '신이 인간에게 부여한 가능성의 최대치를 사용하고자 했던' 그는 생전에 70여 권의 학술 서적을 발표했고 총 1만 2,500여 장에 달하는 논문과 연구 자료를 남겼다.

철학과 역사, 문학과 윤리학 등을 전방위로 넘나들며 성실하고 해박한 논리를 전개했던 류비셰프의 원고들은 대부분 사후에 출판되었고, 끊임없는 문제 제기와 논쟁을 거쳐 이룩해놓은 그의 학문적 성과들 역시 그가 죽은 이후에 그 가치가 입증되었다.

_ 1900년대 초 가족사진. 맨 뒷줄 오른쪽이 류비셰프.

___ 1906년경. 페테르부르그 대학 시절.

___ 1921년, 페름 대학교 동물학과 교직원들과 함께. 앞줄 오른쪽 끝이 류비셰프.

— 1956년 부인 올가, 손자 보리스와 함께.

— 1964년, 은퇴 후의 류비셰프.

— 1962년, 동료와 함께. 오른쪽이 류비셰프.

__ 1966년, 류비셰프가 살던 울리야노프스크의 생가.

__ 1989년, 러시아 과학아카데미 볼가 생태연구소로 이장된 류비셰프의 묘지.

차례

이 책 덕에 오랜만에,
외롭다는 느낌에서 벗어날 수 있었다

– 손관승(작가, 전 iMBC 대표이사)

나는 평생 시간과 다투는 일을 해왔다. 방송 인생이란 겉으로는 우아해 보일지 몰라도 실제로는 분초를 다투는 쩨쩨한 싸움의 연속이다. 큐시트에 따라 스탠바이 사인이 들어오고 '10초 전입니다.'라는 말이 들려오면 아드레날린과 도파민이 교차하면서 극도의 몰입과 흥분상태에 놓인다. 그때마다 이렇게 중얼거리곤 했다.

"아, 10초만 더 주어졌으면, 아니 5초만 더 있었다면…."

콘텐츠와 플랫폼을 동시에 다루는 회사의 CEO로 재직하는 동안에도 시간과의 극한대결은 멈추지 않았다. CEO란 자리의 본질은 숫자와의 싸움, 한마디로 수치數値가 나쁘면 수치羞恥 당하는 직업이다. 매출, 영업이익, 주가, 직원 수, 성과급, 이 모든 것이 결국은 수치로 귀결되었다. 인사, 재무회계, 마케팅, 기술 등 중요하지 않은 것 하나 없지만 돌아보면 가장 중요했던 것은 늘 시간 관리였다. 경영자의 유능과 무능을 가르는 중요한 기준이 시간이었던 셈이다.

직장생활을 끝내고 홀가분한 신분이 되었다고 상황이 달라지지는 않았다. 한편으로는 신문연재를 하고, 대학과 기업에서 강의하는 것을 포함해 7~8가지 다른 일을 동시에 진행하면서 항상 시간 부족을 절감했다. 반면에 이런 충고도 없지는 않았다.

"대충 사세요. 인생 별것 있나요? 즐기면서 살아야지 왜 그리 아등바등 바쁘게 사십니까? 중독 중에 가장 나쁜 게 일 중독이라는 말도 있지 않습니까?"

건강을 염려한 진심 어린 충고도 있었지만, 시기심 어린 야유도 간혹 섞여들었다. 한편으로는 현실적인 이유 때문에, 또 다른 한편으로는 길지 않은 인생의 시간을 가능하면 낭비하지 않고 싶다는 개인적인 삶의 철학 때문이지만, 굳이 반론하고 싶지 않았다.

그러면서도 종종 외로움을 느꼈다. 그러다가 이 보물 같은 책을 만났다.

이 책 《시간을 정복한 남자, 류비셰프》는 한 러시아의 학자가 평생 이룩한 놀라운 시간통계와 체계화의 구체적인 방법을 다룬 책이다. 곤충학, 생물학, 진화론, 유전학, 역사학, 철학 등 다양한 분야에서 탁월한 연구성과를 냈던 이 비범한 인물에 관한 이야기를 읽다 보면 레오나르도 다빈치와 괴테의 삶이 자연스레 떠오른다. 다양한 분야에서 주어진 자신의 잠재력을 최대한 발휘하고자 노력했다는 공통점이 있기 때문이다.

하루의 시간을 어떻게 계획하는 게 좋을까? 류비셰프는 업무 난이도에 따라 시간을 배당한 뒤 두뇌의 혈액순환이 잘되는 아침과 오전 시간에는 가장 창의적이고 난이도가 높은 연구를 하는 데 시간을 썼고, 약간 지치면 부담스럽지 않은 책을 읽거나 다른 일을 하면서 보냈다.

나는 읽었던 책은 모두 세밀하게 분석해 내 것으로 만든다. 가령 내가 잘 모르는 새로운 분야의 서적이면 먼저 요점정리를 해둔다. 또 어느 정도 수준이 있는 책을 읽고 나면 항상 비판적인 분석을 써놓으려고 한다.

류비셰프의 이 같은 독서법은 지식과 정보가 넘치는 현대사회의 지식냉장고 정리법으로서 매우 유용할 듯하다. 컴퓨터 파일 정리의 중요성과 비슷한 원리로 갑자기 어떤 정보가 필요할 때 미리 축적해 둔 자료를 끌어와 여러 가지 일을 할 수 있는 비법, 즉 멀티 태스크 능력이다. 하루 단위의 시간 관리도 유용하

지만, 5년 단위로 연구계획을 나눠서 진행해 온 류비셰프의 중
장기 관리법은 100세 시대를 살고 있는 우리에게 시사하는 바
가 매우 크다.

　나는 특히 저자 다닐 그라닌이 이 책을 쓴 시점에 눈길이 갔
다. 그라닌은 러시아 사람으로 과학기술을 전공한 학자다. 글쓰
기 능력이 출중해서 젊은 시절에는 과학기술 관련 책들을 주로
쓰다가 점차 소설과 다양한 분야로 관심을 넓혀 나갔다. 그러던
중 50대 후반에 접어들던 1972년, 82세의 나이로 세상을 뜬 류
비셰프의 방대한 유고와 일기를 접하게 된다. 생전 두 차례 만
나기도 했던 그라닌은 류비셰프가 남긴 기이한 시간통계 노트
를 살펴보다 놀라운 발견을 한다. 전공인 곤충학부터 유전학,
분산분석과 철학, 역사를 넘나들며 연구하고 엄청난 저작을 남
긴 류비셰프의 비밀이 바로 그 시간통계 안에 숨겨져 있었던 것
이다. 그라닌은 만사 제치고 류비셰프에 관한 책을 쓰기 시작했
다. 시간은 유한재, 그것도 가장 소중한 유한재라는 사실을 절
감하게 되는 나이일 테니 어쩌면 당연했다.

　류비셰프의 삶은 그라닌의 인생 후반부에도 막대한 영향을
미친 것 같다. 그라닌은 이 책을 쓴 이후부터 2017년 98세로 사
망하기까지 오히려 젊은 시절보다 왕성하게 일하고 커다란 성
과를 내며 살았다고 한다. 50대 중반 이후 화려한 전성기가 시

작된 셈이다.

> 모두들 의무에서 벗어나 기다리던 자유로운 때를 꿈꾸고 그 시간
> 이 오면 본업에만 전념하겠다고 말하곤 한다. 자투리 시간에는
> 책을 쓰거나 연구를 하는 일은 불가능하다고 변명을 하면서. (…)
> 세월이 흘러서 마침내 기다리던 자유를 얻었다. 고대했던 그 시
> 간이 온 것이다. 하지만 애석하게도 그때쯤이면 더 이상 자신이
> 원하던 일을 하지 못하게끔 변해 있었다.

이 문장을 읽다가 눈물이 핑 돌았다. 이것은 지금 나와 내 동
년배들에 들려주는 잠언 같은 말 아니던가? 얼핏 시간 관리를
가르쳐주는 자기계발서 같지만, 인생의 의미와 자유의 본질, 그
리고 행복에 진정한 포인트가 있다.

> 그는 최소한의 것만 필요로 했다. 책을 놓고 앉아 연구할 수 있는
> 자그마한 공간과 평온함이면 충분했다.

요즘 말하는 미니멀리즘이고, 자유를 향한 라이프스타일이며
진정한 자기인식에 이르는 길이다. 다닐 그라닌의 탁월한 문장
력과 사유의 힘에 여러 번 놀라지 않을 수 없었다.

인생은 나에게 어떤 것도 미루지 말라고 몇 번이나 가르쳐 주었다. 돌이켜보면 인생은 참으로 커다란 인내심을 발휘하며 나를 배려해 주었다.

이 책을 읽는 내내 행복했다. 한순간 불타올랐다가 사라진 흔한 천재의 이야기가 아니라 평생에 걸쳐 묵묵하게 자기 길을 걸었던 한 인간의 차가운 열정 이야기다. 열정이 뜨거울수록 내밀하게 감출 수도 있어야 한다. 이 책을 읽으며 오랜만에 외롭다는 느낌에서 벗어날 수 있었다. 비록 나와 다른 시공간을 살다 간 사람들이지만, 저자 다닐 그라닌과 그 저자가 추적한 인물 류비셰프가 내 친구처럼 느껴졌다. 꿈 많은 학생들이나 열정적인 직장인들뿐 아니라 경험 많은 5060세대에게도 내가 이 책을 권하는 이유다.

2020년 겨울 문턱에서,
손관승

이 책은 처음 출판된 직후부터 열띤 논쟁을 불러 일으켰다.

우리에게 주어진 시간을 어떻게 써야 하는가? 이 책의 주인 공 류비셰프의 철저한 시간 계산법은 과연 본받을 만한 것인 가? 혹시라도 이 방법이 인생의 풍요로움이나 매력을 앗아가지 는 않을까……?

이러한 문제에 특히 민감한 것은 기업인들이지만 예술가라고 해서 예외가 되지는 않는다. 오늘날의 젊은이들 역시 늘 시간 부족을 절감하고 과학기술의 눈부신 발전과 보조를 맞추느라 허덕이며 무수한 정보를 받아들이는 데 어려움을 겪곤 한다.

최근 나는 젊은 기업인들의 모임에 참석한 적이 있다. 류비셰프의 시간 관리 방법에 대해 토론을 벌이는 자리였다. 류비셰프는 가공의 인물이 아니다. 그는 삶을 이성적으로 조직함으로써 얼마나 많은 가능성을 현실로 만들어낼 수 있는지를 실증적으로 보여준 인물이다. 류비셰프처럼 살아간다면, 우리 인생은 흔히 생각하듯 그렇게 짧은 것만은 아니다.

이 책의 한국어 번역 출판은 내게 커다란 의미를 지닌다. 유럽과는 또 다른 동양적 감성을 지닌 독자들이 이 책을 어떻게 받아들이게 될지 정말로 궁금하다. 동양에서는 인간에게 주어진 시간을 인식하는 나름의 방법이 있을 테니 말이다.

한국 독자들의 반응은 내게 여러 가지 생각할 거리를 던져줄 것 같다.

마지막으로 한국어판 기획과 번역 과정에서 애쓰신 황소자리 출판사와 번역자에게 깊이 감사드린다.

2004년 1월,

러시아 상트 페테르부르그에서 다닐 그라닌

1장

글을 시작하면서 가지는 고민

우리의 주인공에 대한 이야기를 시작하는 지금, 나는 사실 그대로를 들려주면서 독자의 흥미를 자아내고 싶다. 하지만 이 두 가지를 동시에 만족시키기란 결코 쉬운 일이 아니다. 사실이라는 것은 다소 부풀려야 더 재미있기 때문이다. 그렇다면 아예 다른 방법을 선택할 수도 있다. 사실을 바탕으로 흥미로운 이야기를 지어내는 것이다. 이를테면 사실을 어느 정도 보존하면서 그 속에 비밀스러운 순간과 격렬한 싸움, 가슴 두근거리게 만드는 드라마를 집어넣는 방법이 있다.

우리의 주인공을 강력한 적과 싸우는 용감무쌍한 투사로 만드는 것은 그리 어렵지 않다. 혼자서 모두를 상대로 싸우는 인물, 아니면 모두가 하나같이 그를 공격하는 상황으로 묘사하는 것이다. 이처럼 불공평한 상황은 누구에게나 연민의 정을 자아내게 마련이다. 하긴 실제로도 그는 홀로 모두를 상대했다. 그가 먼저 다른 이들에게 달려들어서 공격을 가하고 분쟁을 야기했던 것이다. 그의 학문적 투쟁은 매우 복잡했고 항상 많은 사람들의 논쟁거리가 되었다. 그것은 최종적인 승자가 가려지지 않은 채 끝없이 이어지는 진정한 싸움이었다.

나는 그의 학문적 업적에 대한 복잡한 이야기는 다 빼고 흥미 위주로 좀더 간단히 이야기를 서술해 나갈 수도 있다. 하지만 그렇게 하면 류비셰프라는 실명을 사용하기가 곤란하고 수많은 주변 인물들의 이름도 사용할 수 없게 된다. 그리고 결국에는 그 누구도 내 이야기가 실화라는 말을 믿지 않을 것이다.

나는 주인공의 모든 것을 밝히고 싶다. 그가 더 이상 이 세상에 없기 때문에 그런 마음이 더 간절해졌는지도 모른다.

또한 나는 인간의 능력이 어디까지인지 사람들에게 보여주고 싶다. 이 세상에는 이런 종류의 사람도 살았다는 것을 알리고 싶다.

흥미를 위주로 그를 소개하자니 사실을 보존하는 문제가 마음에 걸려 글이 쉽게 쓰이지 않았다. 솔직히 세상에서 가장 쉬운 일이 가상의 인물을 만드는 것이다. 만들어낸 인물은 매우 온순하고 솔직하기 마련이며 이 때문에 작가는 그의 과거, 미래, 현재의 일거수일투족을 다 알고 심지어 심리까지도 꿰뚫을 수 있다.

사실을 보존하는 문제 외에도 또 다른 과제가 남아 있다. 그것은 이 글을 통해 독자들에게 전달하려는 정보가 놀랍고 신기하기는 할지언정 문학 작품과는 당최 어울리지 않는 내용이라는 점이다. 과학 서적에나 등장하는 내용을 담아야 하는 것이다. 예를 들어 《삼총사》라는 소설에서 갑자기 펜싱 경기 방법이나 규칙에 대한 설명이 길게 서술된다고 상상해보라. 십중팔구 독자들은 이 부분을 건너뛸 것이다. 하지만 나는 독자들이 내가 주는 정보를 하나도 빠뜨리지 말고 모조리 다 읽었으면 한다. 왜냐하면 바로 그것이 이제부터 내가 쓰려고 하는 이 책의 핵심이나 다름없기 때문이다.

나는 주인공의 중요한 비밀을 알아차린 그 순간부터 이 내용을 될 수 있는 한 많은 사람들이 알았으면 좋겠다고 소망했다. 그래서 매우 복잡한 작업임에도 불구하고 이러한 책을 내기로 결심한 것이다.

많은 사람들은 내가 던지는 '비밀'이라는 미끼에 걸려들 것이다. '비밀'이라는 것은 항상 흥미롭기 마련이다. 게다가 그것이 가상이 아닌 사실이라면 더욱 큰 가치가 있다. 나는 정말 오랜 시간 동안 주인공의 일기와 문서를 가지고 고민해왔다. 마침내 거기서 알아낸 그 모든 사실들은 나에게 있어 새로운 발견이자 한 인생의 비밀에 대한 해독이었다.

하지만 미리 솔직하게 밝혀두겠다. 이 책에 나오는 비밀은 모험 가득한 탐험소설이나 총격전이 오가며 놀라운 추리가 펼쳐지는 탐정소설 속 비밀들과는 전혀 다르다.

여기서 비밀이라는 것은 '어떻게 하면 더 잘 살 수 있을까?'에 대한 것이다. 그리고 독자들의 호기심을 이끌어내기 위해서 미리 말하건대, 이 책에는 아주 멋진 삶을 만들어가기 위한 방법과 인생에 필요한 교훈이 담겨 있다. 이 책은 매우 독특한 생활 방법을 다루고 있다. 그 생활 방법은 아마도 다음과 같은 구절들로 표현할 수 있으리라.

'어떤 분야에 있는 사람이든, 어떤 직업을 가진 사람이든 성공할 수 있도록 만들어주는 방법!'

'최소의 노력과 능력으로 최고의 목표를 달성하는 방법!'

'오랫동안의 경험을 바탕으로 그 가치를 입증했으며 이해하기 쉽고 효과적인, 그리고 매우 흥미로운 방법!'

'일과 연구에 있어서의 성공, 그리고 완성된 삶을 이루는 방법!'

자, 그럼 이제부터 우리와 같은 시대를 살았던 사람, 아주 유명해지지는 못했지만 충분히 위대했다고 말할 수 있는 한 인물에 대한 이야기를 시작하겠다. 나는 다른 무엇보다 그의 정신 세계에 초점을 맞추고 싶다. 어쩌면 너무나 고고한 법칙이 그의 정신세계를 지배하고 있는 탓에 독자들이 고리타분하다고 생각할지도 모르겠다. 그의 삶은 외면적으로는 지극히 평범하고 진부하게 보일 수 있다. 게다가 보통 사람들의 눈에 그는 전형적인 '운 나쁜 사람'으로 여겨지기도 한다. 하지만 내면을 살펴보면 그는 조화로운 정신력의 소유자였고 세상에서 최고로 행복한 사람이었다. 솔직히 말하자면, 나는 이런 종류의 사람이 더 이상은 세상에 존재하지 않는다고 생각했었다. 오래 전에 멸종한 공룡처럼 말이다.

탐험가가 대륙을 처음 발견했을 때, 혹은 천문학자들이 새로운 별을 찾아냈을 때와 마찬가지로 작가도 새로운 인물을 세상에 소개하면서 아주 커다란 행복감을 느낀다. 문학사를 보면 많은 작가들이 그러한 행복을 누렸다. 곤차로프Ivan Aleksandrovich Goncharov(1812~1891)는 오블로모프(소설 《오블로모프》의 주인공. 귀족의 아들로 태어나 막대한 유산에 기대 점차 '잉여인간'으로 퇴락해가는 과정을 극명하게 보여준다.—편집자)를 발견했고, 투르게네프는 바자로프(소설 《아버지와 아들》의 주인공. 1850년대 러시아의 젊은 의사로서 허무주의적 주인공으로 그려진다.—편집자)를 찾았으며 세르반테스는 돈키호테Don Quixote(소설 《돈키호테》의 주인공)를 탄생시켰던 것이다.

나도 작가로서 이들과 견줄 만큼 대단한 발견을 해냈다. 이건 보편적인 의미의 '발견'과는 거리가 있을지 모른다. 어떻든 나는

나 자신의 '이상'을 찾아냈다. 솔직히 '이상'이라는 단어가 류비
셰프에게 별로 어울리는 것은 아니지만 말이다.

누구나 그를 알았지만,

누구도 그를 제대로 알지 못했다

나는 커다란 강당에 앉아 있었다. 앞쪽으로 백발, 대머리, 짧
게 다듬어진 학생 머리, 헝클어진 장발, 유행을 따른 듯한 가발,
꼬불거리는 흑인머리 등이 강렬한 전등 불빛을 받고 있었다. 교
수, 박사, 대학생, 기자, 역사학자, 생물학자들이 모인 자리였
다. 특히 수학자들이 많았는데 그것은 아마도 그날의 행사를 수
학회에서 주최했기 때문일 것이다. 바로 알렉산드르 알렉산드
로비치 류비셰프Aleksandr Aleksandrovich Lyubishev를 기리는 첫 번째
학술 모임이었다.

나는 그토록 많은 사람들이 참석하리라고는 전혀 예상하지
못했다. 더구나 젊은이들이 이렇게 많다니! 그들은 아마 호기심
때문에 온 듯했다. 아직 류비셰프에 대해서 제대로 알지 못할
테니 말이다. 류비셰프는 생물학자도 아니고 수학자도 아니다.
그렇다면 그는 누구일까? 아마추어인가? 그렇다, 아마추어라
고 부를 수도 있을 것이다. 프랑스의 지방의회 의원으로 일하면
서 취미로 수학을 공부했던 페르마Pierre de Fermat(1601~1665), 철

제강법을 발견해낸 베서머Henry Bessemer(1813~1898), 재판소 서기로 일하면서 독학으로 화학을 공부해 새로운 제철 제조 과정을 개발한 토마스S.G. Thomas(1850~1885)가 그랬듯이 말이다.

류비셰프를 이끌어간 철학은 무엇이었을까? 그것은 생기론生氣論(물질적인 요인만으로는 생명 현상을 이해할 수 없으며 설명하기 힘든 독자적 법칙이 존재한다고 주장하는 이론. —옮긴이)도, 실증주의도, 이상주의도 아니었다. 그는 이단아였다.

발표자들도 류비셰프가 어떤 사람이었는지에 대해 정확히 설명하지 못했다. 한 사람은 생물학자라고 했고 또 다른 사람은 역사학자라고 했으며 곤충학자 혹은 철학자라 부르는 이도 있었다.

발표자가 바뀔 때마다 새로운 류비셰프가 탄생했다. 각자 그에 대해 나름대로 정의하여 평가하고 있었던 것이다. 어떤 이는 진화론과 유전학에까지 도전장을 내밀었던 류비셰프를 혁명가라 칭했고 다른 누군가는 이단자라고 부르기도 했다. 혹은 반대파에 대하여 한없이 너그럽고 선량한 러시아 지식인의 올바른 표본이라고 칭찬하는 사람도 있었다.

"류비셰프는 어떤 유파의 철학이든, 거기에 비판정신과 창조성이 담겨 있으면 그것을 매우 귀하게 받아들였습니다."

"류비셰프는 언제 어디서나 새로운 아이디어를 창조해냈고 항상 새로운 질문을 던지며 사고를 자극했습니다."

"어느 유명한 수학자가 '천재적인 수학자는 이론을 제시하고 실력 있는 수학자는 그 이론을 증명한다'고 말한 바 있는데 류비셰프는 후자 쪽이었다고 생각하시면 됩니다."

"류비셰프는 자신의 능력을 너무 분산시켰습니다. 그는 처음부터 분류학에만 치중하고 철학적인 문제에는 아예 관여하지 말았어야 했습니다."

"류비셰프는 인간이 집중력을 가지고 목표를 향해 돌진하면 얼마나 큰 힘을 낼 수 있는지 확실히 보여주는 본보기였습니다. 그는 한평생을 그렇게 살았습니다."

"그는 수학적 천재성을 바탕으로 형성된 세계관을 가지고 있었습니다."

"그는 철학에 대해 해박한 지식을 가지고 있었기 때문에 종의 기원 문제를 새로운 관점에서 접근할 수 있었습니다."

"그는 실증론자였습니다."

"그는 유물론자였습니다."

"그는 공상가이자 직관론자였고 모든 것에 풍부한 호기심을 가지고 몰두하는 사람이었습니다."

그 자리에서 발표를 한 사람들은 모두 류비셰프와 오랜 시간 동안 알고 지내면서 그의 연구를 수차례 접했던 이들이다. 그래서 각자 류비셰프에 대해 어느 정도는 알고 있다고 자부하면서 자신이 아는 부분에 대해서 언급했다.

물론 그들은 류비셰프가 다양한 재능을 가진 사람이라는 것을 예전부터 알고 있었다. 하지만 이 자리에서 서로의 발표를 들으며 비로소 자신이 류비셰프의 한 측면만을 아는 데 불과했음을 깨달았다.

나는 행사가 열리기 전 일주일 정도 류비셰프의 일기와 편지들을 읽으면서 그의 정신세계를 접하게 되었다. 처음에는 특별한 목적 없이 읽기 시작했다. 그것은 내가 잘 모르는 사람이 쓴 매우 낯선 글이었지만, 편지나 일기에 쓰인 내용이 나도 한때 느꼈던 고민과 분노였기에 충분히 공감할 수 있었다. 단지 차이가 있다면 그는 자신이 느낀 바를 재미있게 잘 정리하였고 나는 그것에 대해 깊게 생각하지 않고 넘겨버렸다는 점이다.

하지만 얼마 지나지 않아 나는 류비셰프를 제대로 알지 못했음을 깨달았다. 그를 직접 만나기도 했고 보기 드문 유형의 사람이라 생각하기는 했지만 그가 얼마만큼 독특한 인물인지는 전혀 알지 못했던 것이다. 부끄럽게도 나는 그를 그저 지혜롭고 친절한 괴짜라고만 여겼다. 그로 인해 함께 시간을 보낼 수 있었던 수많은 기회를 놓쳐버리고 말았다. 그를 만나기 위해 울리야노프스크(러시아 서부, 볼가 강 오른쪽 기슭에 자리잡은 도시. 레닌의 고향으로 유명하며 이 책의 주인공 류비셰프가 말년에 체류했던 곳이다.—편집자)로 갈 계획을 얼마나 여러 번 세웠던가! 하지만 그때마다 다음에 가면 되겠거니 미루고 말았다.

인생은 나에게 어떤 것도 미루지 말라고 몇 번이나 가르쳐 주었다. 돌이켜보면 인생은 참으로 커다란 인내심을 발휘하며 나를 배려해 주었다. 우리 시대의 수많은 흥미로운 인물들을 만날 수 있도록 거듭해서 나를 인도했던 것이다. 하지만 나는 늘 바쁘고 시간에 쫓긴다는 이유로 만남을 뒤로 미루기 일쑤였다. 그렇게 모든 것을 미루며 바빴던 까닭이 대체 무엇이었던가? 당시 다급했던 일들은 지금 생각하면 더없이 하찮을 뿐이다. 반면 그로 인해 잃어버렸던 기회는 너무도 아쉽고 또한 다시는 되돌릴 수가 없다.

내 옆에 앉은 학생은 발표자들의 상반되는 주장을 한꺼번에 받아들이기가 어려운지 고개를 갸우뚱거리고 있었다. 류비셰프가 죽은 지 겨우 일년밖에 지나지 않은 때였다. 하지만 그가 정말로 어떤 사람이었는지는 이제 영영 알 수 없게 되어버렸다.

죽은 사람에 대해서는 모든 사람이 마음 내키는 대로 평가를 내리게 마련이다. 어쩔 수 없는 일이다. 발표자들은 류비셰프의 다양한 주장 중에서 자기 마음에 드는 것, 혹은 나름의 결론을 내리거나 논쟁을 이끌어내는 데 필요한 부분만을 선택해 부각시켰다. 이야기를 펼쳐가면서 급하게 자신의 주장을 만들어내기도 했다. 몇 년 동안 이런 과정이 반복된다면 평균치에 해당

무언가 머쓱하다는 듯 대머리를 긁적이고 있는 류비셰프의
모습.

하는 고인故人의 모습이 얻어질 수도 있을 것이다. 모순이나 수수께끼가 제거된, 그리하여 그럭저럭 모두가 받아들일 수는 있다 해도 둥글게 다듬어지는 과정에서 특징적인 부분이 많이 사라진 그런 평균치 말이다.

그런 평균치의 모습을 통해 그가 저지른 실수는 무엇인지, 시대를 앞서간 측면은 무엇인지 등이 규명되고 모든 것이 그럭저럭 이해될 수 있으리라. 하지만 이미 생동감은 사라진 후일 것이다. 물론 이것은 류비셰프가 그렇게 굴복하는 경우에만 가능한 일이다.

벽에는 검은색 테두리의 큼지막한 사진이 걸려 있었다. 찡그린 표정 때문에 코에 주름이 잡힌 대머리 할아버지가 뒷머리를 긁적거리는 모습이었다. 당황한 듯한 그 시선이 향하는 곳은 강당 풍경도, 발표자들의 모습도 아니었다. 마치 혹시라도 자기에 대해 무슨 엉뚱한 소리를 늘어놓지는 않는지 확인이라도 하려는 듯했다. 강의실에 난무하는 난해한 주장들 모두는 이미 세상을 떠나 다시는 볼 수 없게 되어버린 사람, 그럼에도 불구하고 그 순간 그렇게도 필요했던 그 사람과 아무런 관계도 없었다. 나는 그가 살아 있다는 사실에 너무도 익숙했다. 무엇이든 물어볼 수 있고 무슨 말이든 터놓을 수 있는 사람이 어딘가에 존재한다는 사실만으로도 나는 더할 나위 없이 든든했던 것이다.

죽은 이의 삶을 복원한다는 것

사람이 죽고 나면 많은 것이 새로 밝혀지고 널리 알려진다. 고인에 대한 평가나 고인과의 관계도 총정리가 된다. 발표자들의 이야기를 들으면서 나는 바로 그런 느낌을 받았다. 발표자들은 하나같이 류비셰프의 삶이 명백히 종결되었다 여기며 그 삶의 특징을 정리하려 들었다. 이제 그의 사상이 모두의 인정을 받고 그의 글이 출판되어 쇄를 거듭하게 될 때가 온 것이다. 그 이유는 분명치 않지만 어떻든 죽은 사람은 산 사람보다 더 많은 권리를 누리게 마련이다.

……어쩌면 이렇게 할 수도 있으리라. 아예 처음부터 독자들에게 재미는 기대하지 말라고 선언하는 것이다. 재미와는 거리가 먼, 아주 건조하고 딱딱하고 사무적인 산문이 될 것이라 말하면서 말이다. 아니, 산문이라는 명칭도 부적당하다. 나는 독자의 즐거움을 위해 글을 꾸미는 데 별 신경을 쓰지 않았기 때문이다. 나는 힘겨운 과정을 거쳐 이 책을 썼다. 내가 이렇게 어려운 길을 고수한 이유는 나 자신에게도 익숙지 않은 종류였던 이 책의 말미에 소개될 것이다.

2장
그들이 류비셰프를 숭배했던 이유

이미 오래 전부터 나는 류비셰프 숭배자들의 열광적인 태도에 당혹감을 금치 못했다. 지나치게 과장된 수식어를 동원한다고 느끼기도 했다. 류비셰프가 레닌그라드에 나타나면 숭배자들이 몰려나와 그를 에워쌌고 잠시도 그 곁을 떠나지 않았다. 온갖 연구소에서 그를 모셔다 강의를 듣지 못해 야단이었다. 모스크바에서도 마찬가지였다. 이들은 아직 제대로 알려지지 않은 천재를 세상에 드러내기 좋아하는 호사가나 기자가 아니었다. 그와는 정반대로 권위를 세우기보다 깨뜨려버리는 데 훨씬 관심이 많은 진지한 학자, 젊은 박사들이 숭배자 역할을 맡았다.

그들에게 류비셰프는 어떤 존재였을까. 울리야노프스크라는 시골 구석에 사는 교수, 대단한 상을 받지도 못했고 국가의 최고자격심사위원회 위원도 아닌 사람……. 혹시 그의 학문적 업적에 끌렸던 것일까? 하지만 우리에게는 그보다 더 권위 있는 수학자, 더 많은 업적을 인정받은 유전학자도 있다.

박식함 때문이었을까? 물론 그는 박식한 인물이었다. 하지만 오늘날 이는 놀라운 뉴스거리가 될 수는 있을지언정 사람들의 마음을 사로잡기는 어렵다.

원칙주의와 주저 없는 용기 때문이었나? 물론 그는 여러 가지 대담한 주장을 펼쳤다. 하지만 나만 해도 류비셰프의 무수한 연구 중에서 극히 일부에 대해서만 가치를 평가할 수 있을 뿐 대부분은 이해조차 못 한다. 그가 헤톡넴의 세 가지 형태를 탁월하게 분류해냈다는 점이 숭배자들에게 무슨 의미를 지닐까? 나는 헤톡넴이라는 것이 대체 무엇인지 전에도 알지 못했고 지금도 마찬가지이다. 그 분류가 얼마나 중요한 것인지에 대해서도 도저히 감을 잡을 수가 없다.

물론 불과 몇 차례에 걸친 만남을 통해 나는 강한 인상을 받았다. 나는 다른 일을 젖혀놓고 류비셰프를 따라다녔고 몇 시간 동안이나 알아듣기 힘든 그의 고약한 발음에 귀를 기울였다.

류비셰프 숭배자들의 광적인 애정과 관심은 티모페예프-레소프스키Timofeev-Resovsky(1900~1981, 구 소련 생물학자이자 유전학자), 레프 란다우Lev Daidovich Landau(1908~1968, 구 소련 물리학자), 빅토르 쉬클로프스키Vitor Shklovsky(1893~1984, 구 소련 문학비평

가) 같은 이들을 연상시키기도 한다. 이런 사람들은 모두 특출났고 생전에 그 위업을 인정받았다. 하지만 류비셰프가 그 정도의 명성을 누렸던 것은 아니지 않은가. 내가 보았던 그의 모습은 화려함이나 영광과는 거리가 멀었다. 그는 학계에 떠도는 소문들에다 시골 사람다운 호기심을 드러내는, 초라한 옷차림의 통통하고 못생긴 노인일 뿐이었다.

그가 가진 매력은 과연 무엇이었을까? 우선 그가 견지했던 비정통적 시각이 사람들의 관심을 끌 수 있었으리라는 생각이 든다. 그가 말하는 것은 모두 남들과 정반대 방향을 향하고 있었다. 그는 더할 나위 없이 명백해 보이는 것에 대해서도 의문을 제기하곤 했다. 다윈Charles Robert Darwin(1809~1882), 티미랴제프Kliment Arkad'evich Timiryazev(1843~1920, 러시아 식물생리학자. 광합성이 빛의 양에 의존한다는 것을 밝혔으며, 다윈의 진화론 보급에 평생을 바쳤다. ― 편집자), 테야르 드 샤르댕Pierre Teihard de Chardin(1881~1955, 프랑스 철학자, 사제 서품을 받았음에도 인간은 사회적·정신적으로 진화하고 있다고 주장하며, 평생 다윈의 진화론을 보급하는 데 힘을 쏟았다. ― 편집자), 슈뢰딩거Erwin Schrödinger(1887~1961, 오스트리아 물리학자. 파동이론과 양자역학의 기초를 세우는 데 공헌하여 영국의 P.A.M 디럭과 공동으로 1933년에 노벨 물리학상을 받았다. ― 편집자) 등 제아무리 권위 있는 학자의 의견에 대해서도 논쟁하기를 두려워하지 않았다. 그리고 늘 다른 누구도 미처 생각하지 못한 부분에서 불시에 자신의 논거를 찾아내곤 했다. 그는 그 어떤 것도 맹목적으로 받아들이지 않으며 모든 논리를 스스로 이끌어내는 듯 보였다. 또한 이해하기 쉬운 자신만의 독특한 언어를 사용했다.

그도 스스로를 딜레탕트라고 설명한 적이 있다.

나는 누구인가? 나는 온갖 것에 관심을 가진 딜레탕트이다. 딜레탕트의 어원은 즐긴다는 뜻의 이탈리아어 '딜레토diletto'이다. 다시 말해 딜레탕트는 연구하고 일하는 과정에서 즐거움을 느끼는 존재이다.

흔히 비정통적 시각이라고 일컬어지던 류비셰프의 목소리들은 표면에 나타난 현상일 뿐이었다. 그 이면에는 독특한 세계관, 거대하게 뻗어가는 구조물의 윤곽이 숨어 있었다. 아직 완성되지 않은 그 구조물의 모습은 낯설고도 매력적이었다.

드러나지 않은 그의 이야기,
그럼에도 빛나던 그의 뒷모습

하지만 이것만으로는 충분치 않다. 류비셰프라는 인물을 매력적으로 만든 다른 요소가 또 있을 것이다. 그에게 끌린 것은 나뿐만이 아니었다. 교사, 죄수, 역사학자, 예술가, 기자, 농학자, 그 외에도 누군지 알 수 없는 수많은 사람들이 그에게 열광했다. 나는 그들이 류비세프에게 보낸 편지를 다 보지 못했지만 류비세프가 쓴 답장은 읽어보았다. 꼼꼼하고 자유로우며 진지한, 때로는 매우 흥미로운 그 답장들에서도 류비세프는 자기 고유의 모습을 잃지 않았다. 어느 누구와도 다른 그의 개성과 독특함이 느껴졌다. 편지들은 그의 감정을 가장 잘 드러내주었다. 실제로 그는 대화보다는 편지에서 자기 자신을 더 많이 열어 보였다. 적어도 내게는 그렇게 느껴졌다.

그에게 제자가 거의 없다시피 했다는 건 우연이 아니다. 보통 새로운 학문을 창시한 위대한 학자들에게는 이런 일이 적지 않았다. 아인슈타인Albert Einstein(1879~1955)이나 멘델레예프Dmitry Ivanovich Mendeleyev(1834~1907, 러시아 화학자로 원소 주기율표를 고안했다.—편집자), 로바체프스키Nikolay Ivanovich Lobachevsky(1792~1856, 헝가리의 야노슈 보요이와 함께 비유클리드 기하학의 창시자로 여겨지는 러시아 수학자.—편집자)에게도 제자가 없었다. 제자나 학파란 그리 흔한 게 아니다. 류비세프에게는 숭배자와 열광적인 지지자, 그리고 독자가 있었다. 또 곁에서 함께 공부하는 이들이 있었다. 그는 드러내놓고 가르치지 않았지만, 사람들은 그에게서 무언가를 배웠다. 정확히 무엇을 배웠느냐고 묻는다면 대답하기가 어렵다. 아마 어떻게 살아야 하는지, 어떻게 사고해야 하는지를 배운 것이었다고 말할 수 있으리라. 이제야 우리는 자신이 왜, 무엇을 위해 사는지 아는 사람을 만난 것 같다. 그는 숭고한 목적을 품었던 듯, 더 나아가 자기 존재의 의미를 온전히 깨달았던 듯하다. 겉으로 보기에는 그저 도덕적으로 살고 성실하게 일했을 뿐이지만, 그는 그러한 행동의 숨은 의미를 진정으로 이해했던 것 같다. 물론 이것은 그 혼자서만 가능한 일이었다. 알베르트 슈바이처Albert Schweitzer(1875~1965)는 그 누구에게도 자기처럼 아프리카로 와서 의술을 펼치라고 권한 적이 없다. 그저 자신이 가야 할 길, 자기가 견지하는 원칙을 실현하기 위한 자신만의 방법을 찾았을 뿐이다. 그럼에도 불구하고 슈바이처의 삶은 모두를 감동시킨다.

류비셰프에게도 나름의 이야기가 있었다. 많은 부분이 제대로 밝혀지지 못한 모호한 이야기들. 감춰진 부분들은 이제야 모습을 드러내기 시작했지만, 무언가 비밀스런 이야기가 존재하리라는 것은 전부터 모두들 느껴왔다. 지적이고 정신적인 인간의 능력은 나름의 광채를 발산하기 마련이다. 행동이나 말 등 물리 법칙으로 설명되는 것을 넘어서서 말이다. 게다가 그 능력이 클수록 감동도 강해진다.

3장

류비셰프가 남긴 방대한 자료들

그 어느 누구도, 심지어 류비셰프와 매우 친했던 사람들조차 그가 얼마나 많은 저작을 남겼는지 알지 못했다.

생전에 그는 70여 권의 학술 서적을 발표했다. 그 중에는 분류학, 곤충학, 나아가 분산분석(두 개 이상의 서로 다른 집단에서 동일한 반응을 관측한 후에 집단들 사이에 반응의 차이가 있는가를 검증하는 통계분석.—편집자)에 관한 전문 서적도 있었다. 이런 저서들은 다른 언어로 번역되어 해외에서도 널리 읽히고 있다.

류비셰프는 총 1만 2,500여 장에 달하는 논문과 연구 자료를 남겼는데 이는 각 분야의 전문가들이 생각하기에도 실로 어마어마한 수치가 아닐 수 없다.

우리는 오일러Leonhard Euler(1707~1783, 스위스 수학자 · 물

리학자.—편집자), 가우스Carl Friedrich Gauss(1777~1855, 독일 천문학자·물리학자·수학자.—편집자), 헬름홀츠Hermann von Helmholtz(1821~1894, 독일 과학자·철학자.—편집자), 멘델레예프 같은 학자들이 엄청난 양의 저서를 남겼다는 사실을 잘 알고 있다. 어떻게 그토록 많은 저작을 남길 수 있었는지 내 상식으로는 도저히 이해할 수 없다. 게다가 딱히 정확한 이유는 모르겠지만 요즘에 비해서 과거 우리 선조들은 훨씬 많은 책을 썼던 것 같다. 오늘날에는 학자들이 여러 권으로 된 전집을 내놓는 경우가 거의 없으며 오히려 이를 이상하게 여기는 추세다. 심지어 글 쓰는 일이 직업인 전업작가들조차 과거 작가들에 비해 작품을 적게 발표하고 있다.

류비셰프가 남긴 저작 유산은 곤충분류학, 과학사, 농학, 유전학, 식물학, 철학, 곤충학, 동물학, 진화론, 무신론 등 여러 분야로 나뉜다. 이 외에 몇몇 학자들에 대해서, 혹은 자신이 겪었던 다양한 사건들에 대해서, 페름(볼가 강 지류인 카마 강가에 있는 도시. 지대가 낮고 주위에 강이 흘러 공업지대로 성장했다.—편집자) 대학에서의 생활에 대해서 쓴 회상록도 있다.

류비셰프는 강의도 했고 대학교 학과장 및 과학연구소 소장을 역임했으며 자료 수집과 연구를 위해 많은 지역을 돌아다니기도 했다. 1930년대에는 러시아 서부 지역 전체를 일주한 적도 있고, 집단농장을 방문해 현지에 있는 해충이나 벌레, 다람쥐

등을 연구하기도 했다. 흔히 말하는 여가 시간에는 '휴식'을 취할 겸 곤충을 분류했다. 단지 이 한 분야에 대한 연구 자료만 하더라도 엄청나다. 류비셰프는 1955년 한 해 동안 곤충 표본을 35상자 정도 만들었다. 표본으로 만든 곤충은 1만 3,000마리나 되었다. 그 중에서 약 5,000마리는 내부 기관을 해부해 300여 가지 박편 표본으로 만들었다. 수많은 곤충들을 모조리 분류하고 해부해 표본을 만든 후 이름과 설명까지 붙인 것이다. 그가 수집한 자료는 러시아 동물연구소가 소장하고 있는 자료보다 여섯 배나 많았다. 그는 평생을 곤충류 분류에 매달렸다. 곤충 분류와 같은 작업을 하기 위해서는 뭔가에 깊이 파고들 수 있는 집요한 성격이 필요하다. 또한 자신이 하고 있는 일의 가치와 일을 하면서 끊임없이 생겨나는 과제들에 대해 정확히 이해해야 한다.

유명한 생물학자인 네프미바키는 어느 날 다음과 같은 질문을 받았다.

"당신은 왜 일생을 지렁이 구조 연구에 투자하셨습니까?"

그러자 그는 오히려 이런 질문을 하는 것이 놀랍다는 듯한 표정으로 이렇게 대꾸했다.

"지렁이의 구조를 이해하는 데만도 이토록 오래 걸리는데 우리의 인생은 거기에 비해 너무나 짧지 않습니까!"

도대체 무엇이, 어떤 방법이,
이런 삶을 가능케 했을까?

류비셰프는 학문을 넓고 깊게 연구하는 법을 알고 있었다. 덕분에 그는 특정 분야의 전문가이면서도 다양한 다른 분야에 있어서 박학다식했던 것이다.

류비셰프가 얼마나 많은 지식을 가지고 있는지는 감히 그 누구도 헤아릴 수 없었다. 얘기 도중 영국 군주에 대한 말이 나오면 그는 곧 영국 국왕들의 통치 철학에 대해 설명하기 시작했고, 종교로 주제가 바뀌더라도 코란, 탈무드, 로마 교황제도의 역사, 루터나 피타고라스Pythagoras(BC 580경~BC 500경, 그리스 수학자 · 철학자.—편집자)의 사상 등을 줄줄이 꿰뚫었다. 그뿐만이 아니었다. 그는 수학, 농업경제학, 피셔의 사회적 다위니즘, 고대 그리스 · 로마 문화사 등등 거의 모든 학문을 두루 섭렵하고 있었다.

이것은 그가 아는 척하는 것을 좋아해서도 아니고 독서광이었다거나 기억력이 좋은 때문만도 아니었다. 그 정확한 이유에 대해서는 이제부터 차차 설명하도록 하겠다.

우선 그는 상상할 수 없을 만큼 강한 인내심과 끈기를 가지고 있었다. 인내심과 끈기는 아마도 천재들이 지닌 핵심 능력에 해당할 것이다. 특히 곤충학에 있어서는 지극히 일반적이면서도 필수적인 능력이다. 류비셰프 스스로도 한때 자신을 가리키며 이런 말을 한 적이 있다.

"학자들 중에는 사진을 찍을 때 얼굴보다는 엉덩이를 찍어줘야 하는 부류가 있는데 나도 그런 쪽에 속한답니다."

레프 베르그Lev Simonovich Berg(1876~1950, 구 소련 동물학 및 지질학자), 니콜라이 바빌로프(1887~1947, 구 소련 생물학자), 블라디미르 베클레미셰프(1890~1962, 구 소련 생물학자)와 같은 전문가들은 류비셰프의 저서를 매우 높이 평가했다. 과거에 이단으로 취급되었던 그의 연구는 오늘날 학계의 뜨거운 논쟁거리가 되었고, 과거에 논쟁 대상이었던 그의 이론은 의심할 여지없는 이론으로 받아들여지고 있다. 이제 그는 학계에서 확실히 인정받았다. 그에게 쏟아지는 영광과 찬사에 대해서는 더 이상 거론할 필요조차 없다.

나는 그의 이론이나 업적을 가지고 이렇다 저렇다 평가할 생각은 전혀 없다. 오히려 우리와 동시대에 살았던 그가 도대체 어떻게 그 많은 업적을 이룩해냈고 다양한 이론을 발견할 수 있었는가, 그것이 더 궁금하다.

82세에 생을 마친 그는 마지막 몇십 년 동안에 가장 높은 학구열과 창의력을 보여주었다. 나는 그 방대한 연구 실적보다는 도대체 무엇이, 어떤 방법이 이를 가능케 했는지에 더 관심이 쏠린다. 바로 이 방법 때문에 나는 류비셰프에 대해 큰 흥미를 느낀다. 그가 생활했던 방법은 또 하나의 새로운 발견이었다. 이 생활 방법은 그가 수행했던 다양한 연구와는 전혀 다른, 하나의 독립적인 업적이다. 겉으로 보기에는 단순히 개인적인 공식, 혹은 통계표 같았다. 솔직히 그도 처음에는 그렇게 시작했다. 하지만 수십 년이 지나면서 그 생활 방법은 강인한 정신력과 도덕적인 힘의 원동력이 되었다. 이 방법은 류비셰프의 삶을 지탱하는 든든한 버팀목이었다. 그가 보여준 고도의 생산력과 도덕성은 바로 이 생활 방법을 바탕으로 하여 발휘된 것이었다.

사실 도덕성에는 이렇다 할 정확한 측정 방법이 없다. 우리가 보편적으로 사용하는 단어들인 '선하다, 악하다, 착하다, 냉정하다' 등도 사실상 무엇에 비해서 그렇다고 규정할 수 있는지 명확한 기준이 없다. 어떤 사람이 도덕적인 사람인지 아닌지 판단하는 일도 마찬가지이다. 류비셰프는 일반 사람들과 똑같이 '도덕적인 삶'을 살았다. 하지만 그가 다른 사람들과 달랐던 점은 자신이 터득한 생활 방법을 바탕으로 삼아 도덕성의 선을 분명히 그어놓고 살았다는 사실이다.

4장
기이하고 흥미로운 일기장에 대해

류비셰프가 살아 있을 때부터 번호를 붙여 제본한 그의 저작 문서들을 본 이들은 놀라움을 감추지 못했다. 학문적 내용을 담은 서신, 일상 업무에 관련된 문서, 생물학이나 수학, 사회학 이론을 요약 정리한 글, 일기, 논문, 원고, 회고문, 부인인 올가가 남긴 기록, 수첩, 메모, 학술 보고서, 사진, 독서 감상문 등이 수백 권 분량이나 되었던 것이다.

편지나 원고는 일일이 베껴 써두었다가 제본했다. 자기 글 솜씨를 과시한다거나 나중에 누가 읽어줄 것을 기대해서는 아니었다. 그 문서들은 류비셰프 자신에게 항상 필요했다. 편지 사본도 마찬가지였다. 이에 대해서는 나중에 다시 언급하겠다.

이렇게 모인 문서들은 류비셰프의 가족생활과 연구 업무 등 모든 측면을 고스란히 담아놓은 그릇처럼 보인다. 편지와 일기, 논문이나 자기 생각을 끄적거린 종잇조각 하나까지도 빠짐없이 모았기 때문이다. 그것도 그가 26세였던 1916년부터 말이다! 나는 이런 엄청난 자료를 달리 어디서도 보지 못했다. 그 어떤 전기 작가가 보더라도 아쉬운 점이 없을 정도다. 류비셰프의 삶을 한 해 한 해, 하루하루, 아니 한 시간 한 시간 단위로도 문제없이 그대로 재생해낼 수 있을 것 같았다. 내가 알기로 류비셰프는 1916년부터 일기를 쓰기 시작해 단 하루도 거른 적이 없다. 볼셰비키 혁명이 일어났던 날에도, 전쟁 기간에도, 병원에 입원했을 때에도, 답사 현장에서나 기차간에서도 일기를 썼던 것이다. 그에게 일기 몇 줄조차 적지 못하게끔 만든 사건이나 상황은 없었다.

톨스토이Lev Nikolayevich Graf Tolstoy(1828~1910)와 도스토예프스키Fyodor Mik haylovich Dostoyevsky(1821~1881)가 러시아의 천재 사상가라 불렀던 니콜라이 표도로프Nikolai Fyodorov(1829~1903)는 인간의 부활을 꿈꾸었다. 그는 단 한 사람의 소멸도 받아들일 수 없었다. 그리고 과학의 힘을 빌려 흩어져버린 분자와 원자들을 모아 '그것이 다시금 죽은 자들의 육체를 이루게끔' 만들고자 열망했다. 환상적이기까지 한 그의 인간애적 사상은 죽음에 대한 결연한 거부와 부인이었고 모든 것을 분해해 버리는 거대한 자연의 힘에 대한 불복종이었다. 아마도 이런 표도로프에게는 류비셰프야말로 다른 누구보다도 더 쉽고 정확하게 부활시킬 수 있는 대상이리라. 부활을 위한 정보와 자료, 다시 말해 기본 구성 요소가 아주 많기 때문이다. 시간과 공간 축에서 그가 지나갔던 좌표를 빠짐없이 그릴 수 있을 정도로 말이다. 그 어느 날을 놓고 보더라도 류비셰프가 어디서 무엇을 했는지, 어떤 책을 읽고 누구를 만났으며 어디로 이동했는지가 분명한 것이다.

그 어디서도 본 적이 없는,
정말로 이상하고 독특한 일기장!

그가 남긴 문서 중에서 내게 가장 흥미로웠던 것은 당연히 일기였다.

작가는 늘 일기에 끌리기 마련이다. 일기란 다른 영혼의 숨겨진 삶에 접근하고 그의 일생을 되짚어보며 그의 눈으로 시간을 바라보도록 해준다. 오랫동안 솔직하게 적어 내려간 일기는 더할 나위 없이 귀중한 문학적 원천이다. 게르첸Aleksandr (Ivanovich) Gertsen (1812~1870, 러시아 소설가·사상가)은 "모든 삶은 흥미롭다. 그 개인보다는 그가 살았던 상황, 그 인생 전체가 더욱 관심을 끈다."라고 했다. 일기를 남기기 위해 필요한 것은 솔직함, 나름의 사고 그리고 의지뿐이다. 문학적 자질은 도움이 되기보다는 오히려 인생에 대한 솔직한 증언을 방해하곤 한다. 하지만 아무런 조작 없이 있는 그대로의 삶을 드러내주는 일기를 요즘에는 도통 찾아보기 어렵다. 모두가 직접 목격했고 수많은 이들의 삶을 변화시켰던 역사적 사건이 정작 그 시대 사람이 남긴 글에는 형편없이 빈약하고 불완전하게 담겨 있다는 점이 나중에 갑자기 밝혀지곤 한다. 제2차 세계대전 당시 독일군에 봉쇄당했던 레닌그라드의 상황에 대해 기록한 일기도 손에 꼽을 정도이다. 물론 일부 유실되기도 했을 터이다. 하지만 더욱 핵심적인 이유는 일기를 쓴 사람 자체가 적었다는 데 있다. 서글프게도 일기는 늘 부족하다.

류비셰프의 일기도 빠짐없이 전해지지는 못했다. 1937년까지의 일기를 포함한 문서철 중 상당 부분이 전쟁으로 인해 사라져버렸다. 1916년 1월 1일에 시작된 첫 권은 다행히 무사하다. 매일의 기록이 빠짐없이 붉은 색과 푸른 색 활자로 깔끔하게 타자된 큼직한 장부책이다. 1937년부터 사망할 때까지의 일기는 학생용 공책에 쓰였는데 나중에 류비셰프 자신이 다시 투박하지만 튼튼하게 몇 권으로 제본했다.

나는 일기장을 뒤적여보았다. 1916년의 일기, 1917년의 일기, 1940년과 1941년의 일기를 살펴보았지만 다 똑같았다. 이건 일기라 할 수가 없었다. 하루 동안 한 일을 간단하게 나열하고 시간과 분을 계산한 후 옆에 다시 알 수 없는 숫자를 적어두었다. 전쟁 이전의 일기도 마찬가지였다. 자신에게 일어났던 일을 시시

콜콜 적고 자기 생각을 풀어 내려가는 보통의 일기와는 전혀 달랐던 것이다. 1964년의 일기를 잠깐 살펴보도록 하자.

1964년 4월 7일, 울리야노프스크.
- 곤충분류학 : 알 수 없는 곤충 그림을 두 점 그림. 3시간 15분.
- 어떤 곤충인지 조사함 – 20분 (1.0).
- 추가 업무 : 슬라바에게 편지 – 2시간 45분 (0.5).
- 사교 업무 : 식물보호단체 회의 – 2시간 25분.
- 휴식 : 이고르에게 편지 – 10분.
- 울리야노프스카야 프라우다 지誌 – 10분.
- 톨스토이의 《세바스토폴 이야기》 – 1시간 25분.

기본 업무 – 6시간 20분.

1964년 4월 8일, 울리야노프스크.
- 곤충분류학 : 어제 그렸던 곤충의 정체를 완전히 밝혀냄 – 2시간 20분.
- 이 곤충에 대한 논문 집필 시작 – 1시간 5분 (1.0).
- 추가 업무 : 다비도바야와 블랴헤르에게 편지, 여섯 쪽. 3시간 20분 (0.5).
- 이동 – 0.5.
- 휴식 : 면도, 울리야노프스카야 프라우다 지誌 – 15분. 이즈베스티야 지誌 – 10분.
- 문학신문 – 20분. 톨스토이의 《흡혈귀》, 66쪽 – 1시간 30분.
- 림스키 코르사코프의 〈황제의 신부〉 감상.

기본 업무 – 6시간 45분.

수십, 수백 쪽이 다 마찬가지였다. 사무적이고 지루한 대여섯 줄의 기록뿐이었다. 곤충 연구에 대해 언급하지 않은 날에는 대신 《문화사에서 나타난 데모크리토스와 플라톤 유파들》《신화의 발달》 혹은 《응용생물학의 통계 방법론》 등의 책을 집필하는 몇 달에 걸친 과정이 기록되어 있었다. 1951~1952년 사이에 매달렸던 지침서 이야기도 나온다. 류비셰프는 이런저런 글을 쓰는 데 며칠이 걸렸는지를 빠짐없이 기록했다. 일기의 핵심은 바로 시간이었다. 최소한 처음 일기장을 훑어보았을 때의 느낌은 그랬다. 그 일기에서 더 이상 얻어낼 것이 없다는 생각조차 들었다. 아무런 감정도, 흥미로운 사건도 나타나 있지 않은, 건조한 나열에 불과한 그 기록을 붙잡고 고심할 이유는 없었다. 일기장에 사용된 언어는 단조롭고 지루할 뿐이었다. 다정한 느낌도 전혀 없고 나름의 생각도, 솔직한 고백도, 유머도 찾을 수 없었다. 간혹 구체적인 얘기가 나오는 부분에서도 그 문체는 마치 전보를 읽는 듯했다.

> 저녁때 슈스토프 3형제가 옴.
> 하루 종일 집에 있었음. 병치레 후라 기력이 없음.
> 두 차례 비가 내려 수영할 수 없었음.

그런 일기를 읽는 건 아무 의미가 없어 보였다.

그러다가 문득 호기심이 생긴 나는 제2차 세계대전이 시작되었을 때의 일기를 찾아보았다.

> **1941년 6월 22일, 키예프.**
> 독일과의 전쟁 첫날. 13시경에 소식을 들음…….

그 다음부터는 하루 동안 있었던 일을 평소처럼 기록했을 뿐이었다.

> **1941년 6월 23일.**
> 거의 온종일 공습경보. 생화학연구소 회의. 야간 당직.
>
> **1941년 6월 29일, 키예프.**
> 동물학 연구소에서 9시부터 18시까지 당직. 계산도표학 공부. 그에 대한 보고서 작성. 저녁 당직…….

전장에서 큰아들과 작은아들이 차례로 전사했다는 내용도 마치 남의 일인 양 담담하게 적어놓았다. 1941년 7월이 되자 그는 아내, 손자와 함께 키예프를 떠나야 했다. 드네프르 강을 따라 증기선을 타고 피난 간 것이다. 그 증기선 위에서 류비셰프는 여전히 짤막하게 상황을 기록했다.

1941년 7월 21일.
독일 비행기가 증기선 '코토프스키'를 공격함 – 폭탄 투하와 기관총 사격. 선장과 장교 한 사람 사망, 부상자는 네 명. 외륜外輪이 손상되어 보그루치에 들르지 않고 바로 크레멘추그로 직행함.

1941년에 이어졌던 서글픈 패배나 이후의 승리에 대한 기록은 거의 나오지 않는다. 이런 사건들은 류비셰프에게 별다른 인상을 남기지 못한 모양이다. 1945년 5월의 종전終戰, 전후 일상으로의 복귀, 배급제 폐지, 농촌의 피폐한 상황……. 이런 것들은 하나도 일기에 등장하지 않았다.

당시 생물학계라는 전장에서도 혈투가 벌어지고 있었다. 학문적인, 그리고 학문 외적인 논쟁이 끊임없이 이어졌다. 류비셰프는 옆으로 비켜서는 법이 없었다. 적극적으로 논쟁에 뛰어들어 정면에 나섰고 잔뜩 흥분하여 편지며 논문을 쓰고 설전을 벌였다. 그가 전장의 중심에 놓이는 때도 있었다. 이로 인해 위협이나 신랄한 비판을 당하고 해직되기까지 했다. 물론 다른 한편으로는 승리와 축제의 순간, 가정 생활의 기쁨도 있었으리라. 하지만 일기에는 이런 모든 이야기들이 일체 담겨 있지 않다.

류비셰프는 특히 농촌 경제에 대한 관심이 각별했다. 그는 전쟁 이전과 이후 농촌에서 어떤 일들이 일어났는지 훤히 알았고 이에 대해서는 일기가 아닌 보고서나 별도의 논문에 기록했다.

동정심이 많고 남을 위해 선뜻 발 벗고 나서는 성품과는 전혀 달리 그의 일기는 회계장부라도 되는 듯 한결같이 사무적이고 무감각했다. 마치 그 어떤 사건도 자신이 확립한 일상의 흐름, 그리고 업무의 진행을 깨뜨릴 수 없다는 듯 말이다.

류비셰프를 알지 못한 채 일기를 보았다면 세상의 모든 고통, 아니 더 나아가 스스로의 영혼에 대해서까지 철저히 무감각한, 냉혹하기 짝이 없는 인간이라 생각했으리라. 하지만 일기의 주인공을 알고 있었기 때문에 나는 더욱 놀라웠고, 수십 년 동안 그런 식으로 일기를 쓴 까닭이 대체 무엇인지 궁금증이 생겼다. 하루 동안 한 일과 거기에 투여된 시간을 그토록 꼼꼼하게 기록하는 것이 류비셰프에게 과연 어떤 의미였을까? 그가 남긴 짧은 몇 줄로 추억을 불러일으킬 수는 없다. 슈스토프 형제들이 왔다고 치자. 그래서 어떻다는 것인가?

류비셰프의 기록은 추억을 위한 것은 아니었다. 그 속에 암호 같은 것이 숨겨져 있지도 않다. 그 목록은 읽히기 위한 것이 아니며 주위 다른 사람들을 위한 것은 더더욱 아니었다. 바로 이 점이 내 관심을 끌었다. 보통 솔직한 일기라면 어느 정도는, 설사 무의식적인 수준이라 할지라도 독자를 기대하고 쓰여지는 법이기 때문이다.

수수께끼 같은 숫자들,
그의 시간 계산 방법을 알아내야만 한다

이것은 대체 무엇일까? 무슨 목적으로 써놓은 것일까?

이제 와 생각하면 우습지만 당시 나는 골똘히 앉아 생각에 생각을 거듭했다. 난 형편없이 둔한 사람인 모양이다. 하지만 어떤 발견을 해내자면 어처구니없을 정도로 바보스러운, 수많은 가설을 거쳐야 한다는 것이 내 생각이다.

일기를 어떻게 써야 하는지, 정해진 법칙은 없다. 더군다나 이건 일기도 아니었다. 류비셰프 자신도 일기라 주장하지 않았다. 자기 기록을 '시간통계'라 여겼던 것이다. 실제로도 그는 회계장부를 기록하듯 나름의 방식으로 시간을 계산했다.

나는 매월 말마다 합계가 나오고 그래프나 표도 등장한다는 데 주목했다. 연말에는 월말 합계를 바탕으로 연간 총계가 계산되고 결산표가 만들어졌다.

모눈종이에 그려진 그래프의 모양은 다양했다. 옆에는 더하거나 곱한 수가 적혀 있었다.

이 숫자는 무슨 뜻일까? 대답해 줄 사람은 없었다. 류비셰프는 자신의 계산 방법을 아무에게도 알려주지 않았다. 일부러 감춘 것은 절대 아니었다. 다만 계산 방법이 그리 중요하지 않다고 여긴 모양이었다. 그는 연간 총계를 친구들에게 보내주기도 했다. 하지만 거기에는 계산 방법 없이 숫자만 나와 있었다.

　얼핏 보기에 이 기록은 그저 지나가 버린 하루의 시간을 측정한 것에 불과하다. 저녁이면 잠자기 전에 자리에 앉아 무슨 일에 얼마만큼의 시간을 썼는지 계산한다. 그리고 기본 업무에 소모한 시간의 합계를 낸다. 그야말로 간단하기 짝이 없다. 하지만 바로 의문이 생겨난다. 기본 업무에 포함되는 것은 무엇인가? 기본 업무 외의 시간을 그처럼 자세히 계산한 까닭은 무엇인가? 그런 식의 시간 측정으로 얻는 것이 무엇인가? 0.5나 1.0이라는 괄호 안의 숫자는 무엇을 의미하는가……?

　보다 근본적인 질문도 있었다. 류비셰프의 시간 측정이 연구해볼 만한 가치가 있는 것일까? 앞서 나온 질문들에 대한 답을 찾는 작업이 과연 필요할까? 나는 스스로에게 묻고 또 물었다. 하지만 그 순간에도 머릿속은 온통 류비셰프에 대한 수수께끼로 가득 차 있었다.

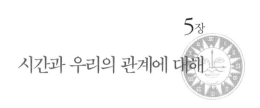

5장

시간과 우리의 관계에 대해

세네카Lucius Annaeus Seneca(BC 4~AD 65, 로마시대 스토아주의 철학자.—편집자)는 다음과 같이 말했다.

오, 루칠리아! 우리에게 주어진 것은 오로지 시간뿐. 그 외는 모두 타인의 것이라오. 자연이 우리에게 선사해준 것은 끊임없이 흘러가며 사라지고 마는 시간뿐이오. 하지만 이조차 누구든 원한다면 나에게서 빼앗아갈 수 있소. 왜냐하면 인간들은 타인이 소유한 시간을 귀하게 여기지 않기 때문이라오. 시간이라는 것은 아무리 원해도 절대 되돌아오지 않는 유일한 재산인데 말이오. 그러면 당신은 과연 내가 스승으로서 시간 관리를 잘 하고 있는지에 대해 묻고 싶을 것이오. 시간을 낭비하면서도 철저히 관리하는 사람들처럼 나도 시간을 헤프게 쓰면서도 사용한 시간에 대해서는 정확하게 계산하고 있다오. 내가 시간을 낭비하지 않는다고는 말할 수 없지만 언제 어디서 왜 얼마나 낭비했었는지에 대해서는 늘 알고 있다오.

이와 같이 이미 기원전 50년경부터 세네카와 같은 과학자들은(그는 충분히 과학자라고 불릴 만하다) 시간을 계산하면서 아끼려고 노력해왔다. 하지만 시간의 가치를 처음으로 인식한 사람이 세네카였던 것은 아니다. 세네카보다 훨씬 이전부터 고대 철학자들은 시간을 아낄 수 있는 방법을 모색하면서 시간의 본질을 알고 싶어했을 것이다. 쉼없이 빠르게 흘러가는 시간은 그 당시 사람들에게도 안타까움을 주었을 게 분명하기 때문이다.

하지만 그럼에도 불구하고 옛 선조들에게는 별다른 방법이 없었다. 당시에는 해시계나 물시계, 모래시계가 고작이었기 때문에 시간을 정확히 측정하기란 불가능했다.

활동적인 기업인의 관점에서 봤을 때 문명의 진보는 시간을 최대한 아끼는 것으로 귀결되었다. 그래서 기업인은 마차에서 기차로, 기차에서 비행기로 갈아탔다. 편지를 대신하기 위해 전보와 전화기가 등장했고, 극장에 가는 시간을 아끼기 위해 TV가 발명되었다. 지퍼가 단추를, 볼펜이 만년필을, 에스컬레이터가 계단을 대신했다. 컴퓨터, 상점의 자동계산대, 전동타자기,

전기면도기 등은 모두 시간을 아끼기 위해서 생겨난 것들이다. 그런데 이상하게도 시간은 자꾸만 더 줄어드는 것 같다. 기업인들은 계속해서 시간 절약 과정에 가속도를 붙였다. 컴퓨터는 현대인들에게 필수품이 되었고, 심지어 물건을 구입하는 데 드는 시간조차 줄이는 방법이 고안되었다. 과거에 수동으로 해야만 했던 신문 인쇄가 컴퓨터 덕분에 완전 자동화되고 말을 할 때에도 최대한 간결한 문장을 사용하며 글을 쓰는 대신 말을 녹음하는 등 가능한 한 시간을 아끼려 하고 있지만 시간 부족 현상은 갈수록 심화되기만 한다.

"우리는 삶의 대부분을
실수와 어리석음으로 낭비하고 만다."

시간 부족 현상을 기업인들만 느끼는 것도 아니다. 일반 사람들도 입버릇처럼 시간이 없다는 불평을 늘어놓는다. 친구를 만나거나 편지를 쓰고 아이들과 놀아주는 시간은 말할 것도 없고, 아무 생각 없이 가만히 서 있을 시간, 가을 숲에 가서 낙엽을 밟을 시간, 시를 읽거나 부모님 산소에 갈 시간도 없다. 나이 어린 초등학생부터 대학생, 심지어 노인에 이르기까지 늘 부족한 시간 속에서 살아가고 있다. 시간은 자꾸만 어디론가 사라져 버리는데 이를 복구시킬 방법이 없다.

이제 시계는 더 이상 장식품이 아니다. 모든 사람들의 손목에는 정확하고 방수까지 되는 시계가 하나씩은 자리잡고 있다. 또한 어느 집에나 시계가 여러 개 놓여 있다. 하지만 시계를 많이 사용한다고 해서 시간이 더 풍족해지지는 않았다. 우리에게 주어지는 시간은 2,000년 전 세네카 시대나 지금이나 똑같다. 세네카는 "우리는 삶의 대부분을 실수와 어리석은 행동으로 허비해버리고, 수많은 시간을 아무 일도 하지 않은 채 그냥 흘려버린다. 그리고 우리는 거의 평생 동안 아무짝에도 쓸모없는 일만 하고 산다."라고 한탄했다.

우리가 일터에서 보내는 시간을 제외한다면 위의 말은 사실이다. 물론 지난 2,000여 년 동안 상황은 많이 개선되었다. 여가시간을 어떻게 사용할지에 대한 논의가 시작되었고, 물리적 시간과 우주 시간이라는 개념이 새로이 등장했으며, 시간의 올바른 사용 및 절약 방법 등에 대해 다양한 연구가 이루어졌다. 그리고 시간은 절대로 되돌릴 수 없으며 따로 보관해 두었다가 필요할 때 꺼내 쓸 수도 없다는 사실이 더 명확해졌다. 물론 불필요한 시간을 저장할 수 있다면 정말 편할 것이다. 살다 보면 시간이 남을 때가 있다. 하지만 이런 경우에도 어쩔 수 없이 그냥 흘려 보내야 한다. 시간을 반드시 써야 한다는 강박관념이 한편으로는 우리를 괴롭게 만들기도 한다. 그리하여 정말 쓸데없는 일로 시간을 때우기도 하고, 어떤 사람들은 남는 시간을 어떻게 보내야 할지 몰라서 고민한다.

행복한 사람은 시계를 보지 않는다고 했다. 이 말은 곧 시계를 보지 않는 사람은 행복하다는 뜻도 된다. 하지만 류비셰프는 '시계를 보는' 불행한 삶을 자발적으로 택했다.

류비셰프의 딸은 어린 시절 가끔씩 오빠와 함께 아버지의 서재에 들어가서 다양한 질문을 했다고 한다. 류비셰프는 그때마다 친절하고 꼼꼼하게 질문에 답변해주면서 잠깐씩 무엇인가를 기록했다. 그녀는 세월이 한참 흐른 뒤에야 자신의 아버지가 시간을 적고 있었다는 사실을 알았다. 류비셰프는 자신의 일거수일투족을 철저히 기록했던 것이다. 휴식, 독서, 산책 등에 소비되는 모든 시간을 계산했다.

류비셰프는 만 26세가 되던 1916년 1월 1일에 처음으로 이 일을 시작했다. 그때 그는 군복무를 대신해 유명한 화학자인 블라디미르 이그나체프의 연구실에서 일하고 있었다. 새해를 맞으면서 늘 그랬듯이 그는 새로운 결심을 한다. 즉 시간통계 방법을 따르기로 자신과 약속한 것이다.

이미 언급했듯이 첫 번째 일기장은 다행히 그대로 보존되어 있다. 첫 번째라서 그런지 시간 기록은 아직 체계적이지 못하고 평범한 일기와 다를 바 없는 다양한 고민거리와 생각이 긴 문장으로 적혀 있었다. 그의 시간통계 방법은 조금씩 변형되어 가면서 1937년이 되어서야 제대로 된 체계를 갖추었다.

어쨌든 1916년부터 1972년, 세상을 떠나는 마지막 그날까지 56년 동안 류비셰프는 단 하루도 빠짐없이 자신이 사용한 시간을 기록했다. 심지어 사랑하는 아들의 죽음도 그의 쉼 없는 시간 기록을 막지 못하였다. 하기야 시간을 관장했던 신인 크로노스조차 자신의 머리채를 단 한 번도 쉬지 않고 흔들었다고 하지 않는가!

류비셰프는 시간을 계산하고 통계내는 과정에서 특별한 능력을 가지게 되었다. 우리 몸속에서 끊임없이 째깍거리는 생물학적 시계를 느낌으로 인지할 수 있게 된 것이다. 내가 그를 두 차례 만나서 이야기를 나눴던 시간은 그의 일기 기록에 따르면 정확히 1시간 35분과 1시간 50분이었다. 당시 그는 시계를 보지 않았다. 우리는 그저 천천히 산책을 했고 내가 그를 배웅했던 것 같다. 하지만 류비셰프는 몸속에 있는 특별한 감각으로 숫자판 위에서 시침과 분침이 움직이는 것을 정확히 느끼고 있었다. 마치 시간이 흘러가고 있는 문턱에 지켜 서서 지나쳐 가는 시간을 재듯이 말이다.

나는 그가 쓴 〈생물에서 수학 응용의 전망에 대해〉라는 논문을 살펴보다가 맨 마지막 장에 논문의 '시간 가격'이 적혀 있는 것을 발견했다.

- 논문 준비(집필 구상, 자료 및 문헌 검색) 14시간 30분.
- 집필 – 29시간 15분.
  총계 – 43시간 45분.
  8일 간 (1921년 10월 12일~10월 19일).

이런 기록으로 미뤄봤을 때 류비셰프는 이미 1921년에도 자신이 집필하면서 소비했던 시간을 정확히 계산했다는 것을 알 수 있다.

이런 식으로 그는 계속해서 시간통계를 냈다.

흔히 논문이나 책을 내는 작가들은 자신이 작업을 마친 연도를 밝힌다. 드물게 구체적인 날짜를 적는 경우도 있다. 언제부터 언제까지라는 작업 기간을 기록하는 경우는 거의 없다. 그런데 류비셰프는 날짜와 기간은 물론이거니와 집필에 소요된 총 시간까지 적어놓은 것이다.

과연 어떻게 그 시간을 측정하였을까? 특별한 방법은 없었다. 그저 컴퓨터처럼 정확한 그의 시간통계 방법이 매번 수치를 알려줬을 뿐이다. 그는 논문 집필 시간뿐만 아니라 논문을 쓰는 틈틈이 다른 책을 읽은 시간, 심지어 편지를 쓴 시간까지 정확히 계산하고 있었다.

나이를 먹으면서 우리에게 주어지는 시간은 계속해서 줄어들고 이에 반비례해 시간의 가치는 더욱 높아진다. 인간이 가진 모든 자산 중 가장 귀한 것은 바로 삶이다. 그리고 삶 속에서 가장 중요한 것은 시간이다. 우리 삶은 시간의 흐름 속에서 진행되기 때문이다. 현대인들은 다양한 방법으로 부족한 시간을 분할해 살아가고 있다. 나도 여느 사람들과 마찬가지로 앞으로 해야 할 일들을 계획하면서 시간을 최대한 잘 활용하려고 노력한다. 한 주일, 혹은 한 달 계획을 세워놓고 실행한 일들을 하나씩 지워 나가기도 한다.

조직적이고 의욕적인 사람들은 자신이 소비한 시간을 분석하면서 제대로 활용했는가를 평가하기도 한다. 자신이 일한 시간에 대해서만 계산하고 평가하는 것이 대부분이지만 그래도 나는 이런 사람들을 보면 이 시대의 영웅이라 부르고 싶다. 나는 그런 작업을 할 만한 의욕과 여유가 없을 뿐더러, 내가 사용한 시간을 계산해보면 분명히 기분이 상할 것이라는 사실을 알기 때문에 일부러도 하지 않는다. 나 자신에 대한 실망감만 커질 텐데, 굳이 이렇게까지 해서 스스로에 대해 실망할 필요가 없지 않은가? 자신이 얼마나 조직적이지 못한지, 얼마나 인생을 낭비하며 살았는지를 깨닫는 것도 기분이 상하겠지만 자신이 보낸 1분, 1초에 대해 정확히 안다는 것 자체도 그다지 유쾌하지 않을 듯싶다. 가령 어떤 일을 놓고 온갖 노력과 정성을 쏟아 최선을 다했는데 나중에 알고 보니 제대로 보낸 시간은 1시간 30분밖에 안 되고 나머지 시간은 그냥 흘러갔다는 사실을 알게 되면 얼마나 허무하겠는가! 나름대로 시간을 아끼면서 제대로 쉬지도 못하고 딴짓도 하지 않으면서 일만 했는데 말이다.

이제는 시간 절약 관련 전문가들이 생겨나면서 시간을 아끼는 다양한 방법들이 등장했다. 다른 누구보다도 시간이 부족하다고 생각하는 기업인들이 시간을 절약하는 방법을 찾고자 특히 열심히 노력하고 있다.

미국의 유명한 경영학자인 피터 드러커Peter Ferdinand Drucker(1909~2005)는 모든 경영자들에게 각자가 시간을 어떻게 사용하고 있는지에 대해 정확히 기록해보라고 권유한다. 그러면서 이 작업이 결코 쉽지 않기 때문에 끝까지 하는 사람은 거의 없다는 말을 덧붙인다.

"나는 내 비서에게 9개월마다 한 번씩 3주라는 기간 동안 내가 일한 시간을 통계내 달라고 부탁하곤 합니다. 그러고는 그 결과가 어찌되었든 내 비서를 쫓아내지 않겠다는 각서에 사인까지 합니다. 하지만 5~6년이 지난 지금까지도 나는 그 결과를 보면서 '이럴 수가! 내가 시간을 허비하고 있다는 사실을 대충 알기는 했지만, 이 정도라니! 어우, 말도 안돼!'라며 화를 냅니다. 혹시라도 나보다 좋은 결과를 낼 수 있는 사람이 있는지 정말 궁금하군요."

피터 드러커는 아무도 자신의 도전을 받아들이지 않을 것이란 사실을 확신하고 있다. 그는 전문가이기 때문에 여간 용기 있는 사람이 아니고서는 이런 작업이 불가능하다는 점을 잘 아는 것이다. 자신의 시간을 측정하는 일은 아무나 할 수 있는 게 아니다. 이런 작업을 하려면 반성하는 마음에 앞서서 대단한 노력과 용기가 요구된다. 신 앞에서 참회하는 것보다 나 자신과 사람들 앞에서 스스로를 공개하는 일이 더 어렵기 때문이다. 자신이 지닌 나약함과 허점, 실수 등을 스스로 공개하고 인정하기 위해서는 엄청난 용기가 필요하다. 자기 자신을 깊숙이 들여다보며 철저히 비판할 수 있는 사람은 장 자크 루소Jean`-`Jacques Rousseau(1712~1778)나 톨스토이 정도의 대가여야 한다는 드러커의 말에 나도 충분히 동감한다.

자기 자신을 모두 공개하라고는 말하지 않겠다. 그저 일과 관련된 부분에서만이라도 자신을 성찰해보면 어떨까. 사실 이조차 할 수 있는 사람이 극히 드물다.

류비셰프는 행정 관료나 조직 운영자가 아니었다. 그의 일도, 주변 사람들도, 그 무엇도 그에게 이런 삶을 살라고 강요하지 않았다. 그는 비서에게 시간을 측정해달라고 할 만한 높은 위치에 있지도 않았다. 그래서 스스로 자기 시간을 계산하고 가차 없이 분석하여 총계를 냈던 것이다. 자신에게 주어진 시간이라면 단 1분까지도 모두 계획에 포함시켰다.

사실을 말하자면 이러한 통계를 내는 데만도 적지 않은 시간이 필요했다. 그렇다면 도대체 왜 이렇게 했을까? 친구들조차 그를 이해하지 못했다. 그럴 때마다 그는 항상 다음과 같이 말했다고 한다.

"나는 이 방법에 너무도 익숙해져 버려서 이제 이 방법 없이는 일을 할 수가 없다네."

물론 기업인들에게 이런 방법이 필요한 이유를 묻는다면 어느 정도 설명이 가능하다. 하지만 학자였던 류비셰프는 왜 이 길을 택했던 것일까? 무엇이 그를 이렇게 하도록 만들었을까?

6장
그의 젊은 시절

1918년 류비셰프는 군 복무를 끝내고 학문에 전념하게 된다. 이즈음 그에게는 이미 삶의 목표가 정해져 있었다. 바로 유기체의 자연적인 분류체계를 확립하는 것이었다. 1918년에 그는 다음과 같은 글을 썼다.

이런 분류 체계를 확립하자면 원자 무게 같은 어떤 기준을 찾아야 한다. 아마 이것은 직접적으로 기능상 차이를 야기하지 않는 유기체 구조의 변이를 수학적으로 분석함으로써 얻어질 것이다. 이 수학적 작업은 대단히 어려운 것이리라……. 그렇기 때문에 본격적인 연구를 진행하기 이전, 최소한 5년 정도는 우선 나 자신의 수학적 기초를 확고히 다지는 준비 과정을 거쳐야 한다. 나는 이를 통해 수리생물학數理生物學을 만들어나가고자 한다. 수학을 생물학에 접목시키기 위한 온갖 시도가 여기에 모두 포괄될 것이다.

당시 그의 주장을 진지하게 받아들여 주는 사람은 없었다. 더군다나 1918년부터 류비셰프가 일하게 된 심페로폴(크림 산맥에서 발원하는 실기르 강 유역에 자리잡은 도시. 우크라이나 크림 주의 주도로 교대, 의대, 농대 및 여러 연구 기관이 있는 문화 중심지이다.—편십사)의 타브리체스키 대학은 초일류급 연구진을 보유하고 있었다. 수학자 크릴로프와 스미르노프, 천문학자인 스트루베, 화학자 바이코프, 지질학자 오브루체프, 광물학자 베르나드스키, 물리학자 프랑크Ilya Mikhaylovih Frank(1908~1990)와 탐Igor YeVgenyevich Tamm(1895~1971), 삼림학자 모로조프, 자연과학자들인 블라디미르와 알렉산드르 팔라딘 형제, 수슈킨, 비소츠키, 그리고 류비셰프가 평생 존경했던 스승인 알렉산드르 가브릴로비치 구르비치까지 포진했던 것이다.

이들 학자들이 의구심을 표명했음에도 불구하고 젊은 학자 류비셰프는 전혀 흔들리지 않았다. 세월이 흐르면서 구체적인 접근 방법이 정해지고 조금씩 수정되기는 했지만 목표 자체에는 변함이 없었다. 일단 목표를 정하고 난 후에는 평생토록 그 방향을 바꾸지 않았던 것이다.

류비셰프가 삶의 목표를 정하던 시기인 1918년경의
모습이다. 주변 사람들의 의구심에도 불구하고 그는
평생토록 자신이 정한 삶의 큰 틀을 바꾸지 않았다.

"진리를 찾는 과정이 아무리 힘겨울지라도,

평생을 그 길 위에 서 있을 수만 있다면,

내 삶은 그 자체로 행복할 것이다."

슐리만Heinrich Schliemann(1822~1890)은 불과 여덟 살이었을 때 트로이 유적지 발굴을 결심했다고 한다. 슐리만의 이 일화가 널리 알려진 이유는 실제 학계에서는 이런 식으로 평생 한 가지 목표를 견지한다는 것이 매우 드문 일이기 때문이다. 류비셰프도 슐리만과 마찬가지로 학문의 길을 걷기 시작한 20대에 이미 자신이 하고 싶은 것이 무엇인지 정확히 알고 있었다. 정말 드물게 운이 좋았던 셈이다. 그는 무엇을 어떻게 연구할 것인지 스스로 계획했다. 죽는 날까지 무슨 일을 하며 살아갈지 미리 정해놓은 셈이었다.

자신의 평생을 꽉 짜여진 틀 속에 집어넣는 것이 좋은 일인지는 모르겠다. 아무래도 운신의 폭이 좁아질 것이다. 눈가리개를 한 꼴이 될 수도 있다. 다른 여러 좋은 기회를 놓쳐버릴 위험도 많다. 삶이 무미건조해질지도 모른다.

하지만 놀랍게도 류비셰프는 그렇지 않았다. 그의 삶은 밝고 조화로웠다. 평생 동안 한 가지 목표를 초지일관 지향했던 덕분에 그의 삶이 그렇게 될 수 있었다. 그는 젊은 시절의 선택, 자신의 사랑, 자신의 꿈에 있어서 처음부터 끝까지 한 점 흔들림이 없었다. 스스로를 행운아로 생각하며 주위 사람들이 부러워 할 정도로 성실하고 열정적인 삶을 살아갔다.

블라디미르 베르나드스키는 스물세 살 때 '지혜와 지식, 재능을 가능한 한 많이 쌓아 모든 면에서 부족하지 않은 지성인이 되겠다.'는 목표를 세웠다. 또 다음과 같은 글도 남겼다.

나는 스스로 거짓과 속임수에 사로잡혀 엉뚱한 길로 빠져들 수 있음을 알고 있다. 하지만 계속 앞으로 나아가려 한다. 내 생각이 절대로 속박당하지 않게 할 것이다. 현실적인 이해관계 때문에 문제 해결에 조금이라도 더 도움이 되는 길을 포기하는 일은 있을 수도 없고 있지도 않을 것이다. (……) 이러한 탐구의 열정이야말로 모든 학문 활동의 근원이다. 이를 통해서만이 학자는 먼지투성이 책 더미 속에 덧없이 파묻혀 버리지 않을 수 있다. 탐구의 열정이야말로 학문적 연구를 삶의 중심으로 삼아 울고 웃게 만드는 힘이다. 진리를 찾는 과정에서 나는 쓰러져도 좋다. 아니, 죽어도 좋다. 진리 추구란 그만큼 중요하다. 아니, 진리를 발견하기 위한 몸부림이 중요하다. 그것이 아무리 고통스럽다 해도, 아무리 헛되거나 추하다 해도 말이다.

이러한 젊은이의 맹세는 우리에게 늘 감동을 준다. 게르첸, 오가료프, 크로포트킨, 메치니코프, 베흐테레프……. 이들은 모두 진리를 찾기 위한 싸움에 일생을 걸었던 러시아 지식인이다. 각자 나름의 길을 스스로 선택한 서로 다른 인물들이지만 이들을 묶어주는 공통점도 있다. 과학에만 전념하지 않았다는 것이다. 이들은 과학 하나에만 매달리지 않고 역사, 미학, 철학 등도 함께 연구 대상으로 삼았다. 오래 전부터 러시아 작가들이 윤리와 철학의 문제에 매달려왔음은 잘 알려져 있다. 러시아 학자들 또한 미학에 대해 이에 뒤지지 않는 깊은 관심을 보여주었다.

과학에 사로잡힌 청년
위험한 목표를 세우다

하지만 자신이 좋아하는 학문 분야를 선택해 그 길에 매진할 것을 맹세하는 것과 구체적인 목표를 세우는 것은 전혀 다른 일이다.

만약 트로이가 호메로스Homeros(BC 9세기 또는 8세기경)의 상상 속에서 만들어진 도시일 뿐, 실재하지 않더라면 어떠했을까? 그렇다면 트로이를 찾는 데 일생을 바친 슐리만의 노력은 헛된 것이 되어버리지 않았겠는가?

스물여섯 살의 류비셰프가 세운 목표 역시 애초부터 달성 불가능한 것이었다면 어떠했을까? 예를 들어 수십 년이 흐른 후 결국 그러한 유기체의 자연 분류체계 수립이 불가능한 것으로 밝혀졌다면 말이다. 혹은 현대 수학의 수준이 그런 연구를 수행하기에는 형편없이 뒤떨어진 것이었다면? 그렇다면 류비셰프가 보낸 세월은 아무런 의미를 갖지 못하고 또 애초부터 아무런 목표도 없었던 것이나 다름없게 되었으리라.

어디에나 위험 부담은 있기 마련이라고 말하고 싶은가? 아니, 이건 위험 부담보다 훨씬 더 심각하다. 미래, 재능, 희망 등 인간이 가진 것을 모두 걸기 때문이다. 실현 불가능한 목표를 꿈꾸다 사라져간 몽상가들이 그 얼마나 많았던가!

광기, 조급증, 모든 욕구를 억누르는 삶……. 꿈을 이루기 위해 학자들이 기꺼이 치르는 대가는 끝이 없다!

과학에 사로잡히는 것은 위험하다. 특정한 기질을 타고난 이들에게는 이것이 피할 수 없는 숙명일지도 모른다. 그렇다고 해도 그 대가는 너무 크다. 과학에 사로잡힌 사람은 때로 과학에 적지 않은 해악을 끼치곤 한다. 심지어 뉴턴Isaac Newton(1642~1727)과 같은 천재 학자조차 그 한계를 벗어나지 못했다. 객관적으로 상황을 판단하지 못하고 후크를 불공정하게 대했던 것을 보면 알 수 있다.

젊은 류비셰프가 영웅으로 여긴 사람은 허무주의 이성론자인 바자로프(이반 투르게네프 장편소설 《아버지와 아들》 속 허무주의적 주인공을 일컫는다.— 편집자)였다. 당시 류비셰프 또래들은 바자로프의 모습에 열광하며 그대로 닮고자 했다. 바자로프는 소설의 주인공이 한 세대에 그치지 않고 여러 세대에 걸쳐 러시아 지식인들에게 커다란 영향을 미칠 수 있음을 보여주는 본보기이기도 하다. 바자로프를 본받은 당시 젊은이들은 자연과학만이 가치를 지닌다고 생각했다. 역사와 철학 같은 것은 모두 무의미했다. 문학도 마찬가지였다. 젊은 시절의 류비셰프 또한 문학은 외국어를 배우기 위한 방법에 불과하다고 여겼다. 그는 톨스토이의 《안나 카레리나》를 독일어로 읽었는데 이는 '번역한 글이 원문보다 쉬웠기 때문'이었다.

모든 것은 생물학으로 설명되어야 했다. 그렇지 못한 것은 무시하면 그만이었다. 류비셰프는 과학을 이끄는 선도자가 되고자 꿈꾸었고 유치한 영웅주의에 따라 행동했다. 다른 무엇보다도 공부와 연구가 먼저였고 이를 위해서는 무엇이든 희생하려 들었던 것이다.

일은 윤리를 대신했고 윤리를 규정했으며 그 자체로 윤리가 되었다. 일은 인생과 철학의 모든 문제를 하찮게 만들었다. 일을 위해서라면 삶의 기쁨도, 휴식의 달콤함도 저버릴 수 있었다. 그런 식으로 자기 자신을 철저히 희생했던 것이다.

이러한 과학 숭배는 낯선 개념이 아니다. 류비셰프에게는 생물학 연구가 가장 중요했고 그것만으로 충분했다. 다른 문제는 관심 밖이었다. 과학은 최대의 노력과 혹독한 자기 규제를 요구했다. 선택은 두 갈래였다. 성인군자 수준의 큰 인물이 되든지 아니면 어느 모로 보나 부족하기 짝이 없는 속물이 되든지 말이다. 중간이란 없다. 한계를 뛰어넘어 이상적인 본보기가 될 수 없다면 결국 마찬가지이다. 사기꾼이 되든지 성실한 학자가 되든지, 혹은 예술 애호가가 되든지 무식한 인간 쓰레기가 되든지 말이다. 완벽함만이 인정받는다. 양심이나 인간적 매력 같은 건 고려 대상이 아니었다.

서서히, 그리고 단단하게
진짜 과학자로 성장해가다

류비셰프의 시작은 이처럼 평범했다. 젊은이들이 늘 그렇듯 그 또한 커다란 공을 세우고 라흐메토프(체르니셰프트키의 소설 《무엇을 할 것인가》의 주인공. 러시아 혁명기의 지식인 상.—옮긴이)처럼 초인超人이 되고자 했다. 하지만 인간이기에 자연적으로 부딪히게 되는 한계와 나약함을 극복하는 일은 서서히 이루어졌다. 매번 자신을 다잡고 힘을 추슬러 가장 평범한 인간으로 거듭나는 과정을 밟아갔다.

기이한 존재가 되어 세상을 놀라게 하기보다는, 입센Henrik Ibsen(1828~1906)이 말했듯 '세상 속에 묻혀 눈에 뜨이지 않게 살아가는 편이 훨씬 좋다는 것'을 그가 깨닫기까지는 몇 년의 세월이 흘러야 했다. 사람뿐 아니라 과학 자체를 위해서도 그 쪽이 훨씬 더 나았다.

　류비셰프의 훌륭한 점은 다른 사람들보다 훨씬 먼저 이러한 깨달음을 얻었다는 데 있다. 여기에는 그의 연구가 큰 역할을 했다. 과학 연구는 애초부터 다른 무엇과도 견줄 수 없을 정도로 엄청난 노력과 시간을 요구했다. 그것이 어느 정도로 많은 노력이고 긴 시간인지는 류비셰프가 아니었더라면 계산할 수 없었으리라. 하지만 그는 자신이 모든 어려움을 이겨내리라 확신했다. 그러자면 과학 외의 활동에 들어가는 노력과 시간을 최대한 절약해야만 했다.

7장
시간통계 방법을 개발하다

나는 고골리의 소설 속 주인공인 아카키 아카키예비치(소설 《외투》의 주인공. 관청의 말단 관리로 어렵게 구입한 외투를 찾기 위해 노력하다 주위의 조롱에 상심하고 죽는다. ─편집자)와 비슷하다. 그는 자신의 일인 문서 정서를 매우 좋아했는데 나도 학문 연구 도중에 틈틈이 알게 되는 새로운 정보들을 베껴쓰는 일을 좋아한다. 게다가 아버지에게 물려받은 낙관주의 때문인지 애초부터 책으로 출판하겠다는 생각도 없이 자료를 베껴 쓰는 데 많은 시간을 할애하면서도 시간이 아깝다는 생각을 전혀 하지 않는다. 나는 책을 읽을 때마다 매우 꼼꼼하게 요점정리를 해두는데 아직까지도 여전히 이런 작업에 많은 시간이 소요된다. 그 결과 지금은 엄청난 자료를 보유하게 되었다. 더불어 특별히 중요하다고 생각되는 책에 대해서는 요점정리뿐 아니라 비판적인 관점에서 나름대로의 분석도 해놓는다. 그렇기 때문에 나는 예비 원고를 미리 가지고 있는 셈이어서 출판이 필요할 경우에는 이를 바탕으로 매우 신속히 원고를 집필할 수 있다.

내가 젊었을 때에는 다른 친구들에 비해 독서량이 매우 적었다. 그들은 대충 훑어보는 식으로 책을 읽었지만 나는 매우 꼼꼼히 보았기 때문이다. 책을 대충 읽으면 책이 전달하는 다양한 정보를 모두 발견하지 못하고 내용 역시 금방 잊히게 된다. 하지만 나는 매우 꼼꼼히 책을 읽기 때문에 책 내용이 오랫동안 기억 속에 남는다. 그러므로 시간이 점점 지날수록 내가 가진 지식은 다른 사람에 비해 훨씬 더 풍부해지는 것이다.

해가 지날수록 독서 방법뿐만 아니라 많은 점에서 그가 연구하는 방법의 진가가 드러나기 시작했다. 그의 모든 작업은 10년 후까지도 정확히 계산되어 계획에 잡혀 있었다.

내가 보기에 류비셰프는 이미 수십 년 전부터 자신이 장수할 것이라는 사실을 계획 속에 포함시킨 듯했다. 가장 마지막으로 세웠던 5개년 계획을 포함해 그의 모든 계획들은 5년 단위로 계속 이어진다. 최소한 100살까지는 살아야 모든 목표를 달성할 수 있을 정도이다.

이런 얘기는 나중에 자세히 하자. 우선 그가 단 1분도 헛되이 보내지 않으려고 노력했다는 내용을 이야기하는 게 순서다. 그는 모든 '자투리 시간', 예를 들자면 버스나 기차를 타는 시간, 회의 시간, 줄을 서 있는 시간조차도 아끼려고 했다.

크리미아(크림 반도와 거의 일치하는 우크라이나의 주. 남해안 쪽은 관광업이 매우 발달해 있다. —편집자)에 있을 때부터 류비셰프는 길을 걸으면서 뜨개질을 하는 그리스 여인들을 보고 관심을 가졌다. 그들처럼 류비셰프도 산책을 하면서 곤충 채집을 했고 쓸데없는 잡담으로 채워지는 다양한 종류의 회의에 참석할 때에는 수학 문제를 풀었다. 또한 2~3킬로미터 정도 되는 짧은 거리라면 버스를 기다리는 동안 시간을 허비하면서 신경을 쓰기보다 걷는 것이 낫다고 생각했다. 어차피 산책도 필요했으니 걷는 편이 여러모로 이익이었다.

류비셰프는 '자투리 시간'을 효과적으로 사용하기 위해 매우 세세한 계획을 세웠다. 예를 들어 여행을 할 때에는 반드시 가벼운 책을 읽거나 외국어 학습을 했다. 영어도 '자투리 시간'을 통해서 독학했다.

내가 소련식물보호연구소에서 일할 때에는 출장을 가야 하는 일이 매우 잦았다. 그래서 나는 항상 책을 여러 권 가져갔으며 장기간의 출장이 될 경우에는 출장지에 미리 우편으로 책을 부쳤다. 몇 권을 가져갈지는 이전의 경험에 비추어 예상할 수 있었다.

그렇다면 책 종류나 독서 시간이 어떻게 짜여졌을지 궁금할 것이다. 먼저 아침에는 머리가 맑기 때문에 철학이나 수학 분야처럼 고도로 집중해야 하는 책들을 읽는다. 약 한 시간 반에서 두 시간 정도 읽고 나면 조금 읽기 쉬운 역사나 생물학 방면의 책을 읽는다. 그리고 머리가 피곤해지면 가벼운 소설류를 본다.

여행길에서 책을 보면 많은 이점이 있다. 첫째로, 특별히 신경 쓰지 않아도 여행길에 쉽게 적응해 피로가 덜하다. 둘째로, 책을 읽게 되면 잠을 자거나 멍하니 앉아 있는 것보다는 정신을 똑바로 차릴 수가 있다.

버스를 탈 때에도 여러 상황을 고려하여 두세 권의 책을 가지고 탄다. 출발지 근처에서 타게 되면 앉을 수 있으니 책을 읽을 수 있을 뿐만 아니라 필기도 할 수 있다. 만약에 사람이 많이 붐비는 곳에서 버스를 타게 되면 당연히 앉기 힘들 것이니 서서 읽을 수 있는 얇은 책을 가지고 타야 한다. 그리고 요즘에는 나 외에도 차 안에서 사람들이 책 읽는 모습을 종종 볼 수 있다.

계획이란 시간을 잘 분배해 질서와 조화를 만들어내는 일

그러나 이런 식으로 '자투리 시간'을 활용하게 되자 새로이 찾아낼 수 있는 시간이 자꾸 줄어들었다. 반면 필요한 시간은 점점 더 많아졌다. 학문 연구가 깊어질수록 공부 시간이 더 늘어났기 때문이다. 수학을 집중적으로 공부해야 한다고 느꼈지만 철학과 생물학을 포함한 다양한 학문 연구에도 많은 시간을 써야 했다. 분류법을 깊게 연구하면서 그는 자연도태가 진화의 주요 요인이라는 다윈의 주장에 비판적인 시각을 갖게 되었다. 또한 생기설生氣說과 관념론觀念論에 대해 비판하고 싶었지만 이를 위해서는 먼저 철학을 철저히 연구할 필요가 있었다. 이후에는 역사와 문학, 음악 등에 대해서도 조금은 알아야 한다는 사실을 깨달았다.

이를 위해 시간을 최대한 많이 확보할 필요가 있었다. 인간이 매일 14~15시간씩 일할 수 없다는 건 누구나 안다. 그러므로 일하는 시간을 효율적으로 쪼개 쓰는 방법밖에는 없다.

류비셰프는 개인적으로 하루에 7~8시간 이상은 집중적으로 연구할 수 없다고 밝힌 적이 있다. 알다시피 그는 단 1분 1초까지도 정확하게 일한 시간을 계산하기 때문에 이 같은 그의 말은 전적으로 믿어도 좋다.

나는 시간을 측정할 때 모든 휴식 시간을 제외한 순수 연구 시간만을 기록한다. 작업 시간은 쉬는 시간을 포함한 총 소요 시간에 비해 매우 적게 나온다.

사람들은 보통 하루에 14~15시간을 일한다고 말하곤 한다. 어쩌면 진짜로 그런 사람이 있을지 모르겠지만 나는 솔직히 그렇게 많은 시간을 일한 적은 없다. 하루에 가장 많이 일한 최고 기록이 11시간 30분이다. 보통 나는 하루 7~8시간만 연구해도 큰 만족을 느낀다. 가장 높은 기록을 냈던 달은 1937년 7월인데, 그때 나는 한 달 동안 316시간을 순수 연구에 몰두했다. 평균 잡아 하루 7시간씩 연구한 셈이다. 순수 연구 시간을 총 소요 시간으로 환산하려면 여기에 약 25~30%를 더해줘야 한다. 나는 꾸준히 나의 시간통계 방법을 보완해왔고 결국 현재 사용하고 있는 최종적인 방법을 개발해냈다.

물론 사람은 잠을 자야 하고 먹어야 한다. 그런 행위에 필요한 절대 시간이 있다. 이러한 시간을 제외하고 나면 약 12~13시간이 남는다. 바로 이것이 일을 하거나 학문을 연구하거나 인생을 즐기는 데 사용할 수 있는 시간이다.

하루의 시간 계획을 어떻게 짜는 게 가장 효과적일까? 고민 끝에 류비셰프는 각 업무의 난이도에 따라 시간을 배당하기로 했다. 예를 들자면 독창적인 글을 쓸 때에는 시간이 너무 적게 혹은 지나치게 많이 배당되지 않도록 잘 고려해서 계획을 짜는 것이다.

계획이란 시간을 분배하고 그 과정에서 생활의 질서와 조화를 만들어내는 작업이다. 즉, 맑은 정신으로는 수학을 공부하고 피곤하면 읽기 편한 책을 읽는 식으로 말이다.

세 시간을 일만 한다고 치자. 정말로 휴식 시간 없이 세 시간 동안 온전히 일만 하려면 외부로부터 완전히 차단되어야 한다. 다른 일을 집적거린다든지, 다른 생각을 한다든지, 동료들과 수다를 떤다든지, 라디오 소리나 전화벨 소리, 초인종 소리 등에 방해받는 일이 있으면 안 된다.

시간통계 방법은 철저한 계산과 관리 속에서만 제대로 지켜진다. 시간을 배당하면서 현실적인 실천 가능성에 대해 고려하지 않는다면 그 방법은 절대 실행될 수 없다. 사용 가능한 시간은 전부 다 고려해야 했다. 류비셰프는 하루에 순수 연구에만 소요되는 시간을 10시간으로 잡았다. 그리고 10시간을 세 부분 (1), 혹은 여섯 부분(0.5)으로 나누었다. 그 이후에는 분 단위까지도 정확히 계산했다.

그는 업무를 여러 부류로 나눴는데 첫 번째 부류 업무란 가장 기본적이고 중요한 업무, 즉 집필이나 연구 등처럼 학문에 관련된 업무를 말한다. 예를 들어서 학술서 읽기, 요점정리, 학술 편지 쓰기 등이 여기에 속한다. 두 번째 부류 업무는 학술 보고, 강의, 각종 세미나, 문학 작품 독서 등 첫 번째 부류에 포함되지 않는 업무들을 포괄한다.

류비셰프는 첫 번째 부류, 즉 가장 창의적이고 고난이도의 연구가 필요한 업무를 제외한 나머지 일들은 계획대로 진행시키려고 최대한 노력했다. 일기장을 펼쳐 어느 날의 일기를 보더라도 이 말을 이해할 수 있다. 1965년의 어느 여름 날을 보자.

- 소스노코르스크 시市 방문 – 0.5.
- 기본 과학 연구: 도서색인 – 15분, 도브잔스키 저서 읽기 – 1시간 15분.
- 곤충분류학 : 견학 – 2시간 30분, 두 개의 그물 설치 – 20분, 곤충 분석 – 1시간 55분.
- 휴식(처음으로 우흐타 마을에서 수영을 함).
- 이즈베스티야 지誌 – 20분.
- 의학신문 – 15분.
- 호프만E.T.A. Hoffman(1776~1822)의 소설 《황금단지》 – 1시간 30분.
- 안드론에게 편지 – 15분.
  총계 – 6시간 15분.

신문을 읽은 것까지 포함해 하루 일과가 모조리 계산되어 있다. 그렇다면 여기서 '총계 6시간 15분'이라는 건 무엇을 의미할까? 기록에 따르면 이 수치는 오로지 첫 번째 부류 업무에 소요된 시간만을 측정한 것이다.

이런 방식으로 매일 첫 번째 부류 업무에 사용된 시간이 측정되어서 한 달 통계가 나왔다. 예를 들어 같은 해인 1965년 8월에는 첫 번째 부류의 업무에 총 136시간 45분이 투여되었다. 그렇다면 구체적으로 어떤 연구를 했는지 살펴보자. 여기에 대해서도 매달 기록이 나왔다.

- 기초과학 연구 – 59시간 45분.
- 곤충 분류학 – 20시간 55분.
- 추가 업무 – 50시간 25분.
- 곤충조직 연구 – 5시간 40분.
  총계 – 136시간 45분.

그렇다면 59시간 45분이 소요되었다는 '기초과학 연구' 시간
에는 주로 무슨 일을 했을까? 그것에 대해서도 정확한 계산이
나와 있다.

1. 분류학 : 〈체계의 논리〉에 대한 보고문 초안 작성 – 6시간 25분.
2. 잡무 처리 – 1시간.
3. 〈다도노파〉 수정 작업 – 30분.
4. 수학 – 16시간 40분.
5. 랴푸노프의 저서 – 55분.
6. 생물학 관련 독서 – 12시간.
7. 학술적 서신 – 11시간 55분.
8. 학술적 메모 – 3시간 25분.
9. 도서 색인 – 6시간 55분.
   총계 – 59시간 45분.

이 하나 하나에 대해서도 구체적으로 알아볼 수 있다. 예를 들어서 '6번 생물학 관련 독서 – 12시간' 동안 무슨 책을 읽었는지 살펴보자.

> 1. 도브잔스키Theodosius Dobzhansky(1900~1975)의 《유전학과 종의 기원》 372쪽 (총 독서시간 – 16시간 55분) – 6시간 15분.
> 2. 아노쉬 카로이의 《동물도 생각하는가》 91쪽 – 2시간.
> 3. 베르그의 원고 – 2시간.
> 4. 네코로 3쪽, 오스베르흐도 17쪽 – 40분.
> 5. 라트네르의 원고 – 1시간 5분.
>   총계 – 12시간.

대부분의 학술 서적은 요점정리를 해놓았고 그 중 일부는 류비셰프의 비판적인 분석 대상이 되었다. 그는 모든 요점정리와 분석을 깔끔하게 철하여 보관해두었다. 타자로 정리한 이 자료들은 모두 류비셰프의 지식 창고가 되었다. 자신이 읽었던 책의 내용을 기억해내려 할 때 그는 잠시 자료를 뒤적거리면 되었다.

류비셰프는 책을 읽으면서 저자가 말하려는 바를 정확히 짚어낼 수 있었다. 어떤 경우에는 한쪽에 그 요점이 모두 정리되기도 하였고 조금 복잡하거나 두꺼운 책도 몇 장이면 됐다. 요점의 길이는 책의 두께나 그림 수, 복잡한 도표 등과는 전혀 상관이 없었다.

첫 번째 부류의 업무 외에도 모든 시간이 똑같은 방법으로 계산되었다. 하지만 두 번째 부류의 업무까지도 이처럼 상세히 계산한 까닭은 사실상 납득하기 어렵다. 도대체 무엇 때문에 문학서적을 읽은 시간이 23시간 50분이라는 사실을 기록해야 했을까? 그 23시간 50분은 258쪽이나 되는 호프만의 소설(6시간)과 〈미림스키의 호프만에 대한 서문〉(1시간 30분) 등을 읽는 데 소비했다. 그리고 여덟 권의 영어 책(총 530쪽)을 읽고, 미리 계획해놓았던 일곱 통의 학술 편지를 쓰고, 몇 시간에 걸쳐서 신문과 잡지를 읽고, 가족에게 편지를 썼다.

과연 이렇게까지 세세하게 시간을 측정할 필요가 있었을까 하는 의구심을 가질 수도 있다. 하지만 나는 성급하게 결론 내리지 않았다. 이유는 분명하지 않았지만 류비셰프가 매우 이성적이고 치밀하게 이 방법을 사용했다는 확신이 들었기 때문이다. 만일 아무런 소득이 없었다면 류비셰프가 이처럼 많은 시간을 투자하면서까지 매달, 매년 치밀하게 시간통계를 냈을 리 만무하지 않은가.

나쁜 시간은 없다
모든 시간은 똑같이 소중하게 쓰여야 한다

결론적으로 내 생각이 맞았다. 시간통계를 내려면 자투리 시간까지 포함해서 자신의 활동 시간을 모조리 알고 있어야 한다.

여기서 먹고 자는 시간은 통계 시간에 포함되지 않으며 모든 시간은 똑같이 귀하게 평가되었다. 사람에게는 나쁜 시간이나 빈 시간, 필요 없는 시간이 있어서는 안 된다. 완전히 손을 놓고 푹 쉬는 휴식 시간도 절대 없었다. 그에게 있어서 휴식이란 업무 교체 시간이라고 보면 된다. 예를 들자면 농사에서 말하는 돌려짓기 같은 것으로서 한 가지 업무를 하다가 지치면 다른 새로운 업무로 교체하는 잠깐 동안의 시간을 휴식으로 간주한 것이다.

가장 중요한 것은 모든 시간을 제대로 사용하는 일이다. 왜냐하면 매 시간이 자기 삶의 일부분이고 따라서 모든 시간이 다 똑같이 중요하기 때문이었다. 그러므로 단 한 시간이라도 빠뜨리지 말고 시간통계를 내야만 했다.

시간통계는 자신이 미리 계획해두었던 일에 대한 결산이라고 할 수 있었다. 결산과 동시에 다음 달 계획도 세웠다. 예를 들어서 1965년 9월의 계획을 보면 '열흘 간 노보시비르스크(시베리아의 교육과 문화의 중심지이며 노보시비르스크 주의 주도. ─편집자) 대학에서 강의, 18일 동안 울리야노프스크 출장, 이틀 정도 이동'이라고 기록되어 있다. 각 업무에 몇 시간이 소요될 것이라는 숫자도 적혀 있다. 또한 9월 한 달 동안 편지 24통을 쓰는 데 38시간을 사용하겠다고 했고 읽어야 할 도서 목록, 곤충 촬영과 관련된 업무, 평론을 써야 하는 도서 목록 등도 세세히 언급되었다.

연구소 업무나 강의 계획을 짤 때에도 과거 경험을 바탕으로 하여 대략적인 시간을 배당했다. 이에 대한 류비셰프의 일기 내용을 잠시 살펴보자.

연간 계획이나 월간 계획을 작성할 때는 과거의 경험을 바탕으로 해야 한다. 예를 들어서 내가 어떤 책 한 권을 읽어야 한다고 치자. 경험에 따르면 나는 한 시간에 20~30쪽을 읽을 수 있다. 이런 기존의 경험을 바탕으로 계획을 짜는 것이다. 수학책 같은 경우는 한 시간에 4~5쪽을 읽을 수 있고 때로는 채 1쪽을 못 넘길 때도 있다.

나는 읽었던 책은 모두 세밀히 분석해서 내 것으로 만든다. 가령 내가 잘 모르는 새로운 분야의 서적이면 먼저 요점정리를 해둔다. 또한 어느 정도 수준이 있는 책을 읽고 나면 항상 비판적인 분석을 써놓으려고 한다. 경험을 바탕으로 몇 권의 책을 분석할 것인지에 대해서도 미리 계획할 수 있다.

만일 제대로 업무에 임한다면 실제 업무에 사용된 시간과 미리 할당한 시간 간의 오차는 10% 이내이다. 때로는 내가 분석하려고 계획했던 책을 다 읽지 못하고 미루는 경우가 생긴다. 이를테면 빚을 지게 되는 셈이다. 새로운 일에 더 큰 흥미가 생기면 빚이 더 늘어난다. 혹은 업무 능력이 저하되어 계획을 제대로 이행하지 못할 때도 있고 불가피한 외부 요인이 발생할 때도 있다. 하지만 결론은 내가 앞으로도 계속 시간 계획을 짤 것이라는 사실이다. 내가 이루어낸 업적들은 대부분 시간통계 방법을 통해 얻어진 것이다.

첫 번째 부류의 기본 업무에 필요한 시간도 계획되었다. 강의 준비, 생태학 및 곤충학 연구에 소요될 시간 등이 여기에 포함되었다.

두 번째 부류의 업무도 마찬가지로 세세히 계획되었는데 보통 첫 번째 부류의 업무보다 분량 면에서 10% 정도 더 많았다.

나는 그의 일기를 보면서 모든 일이 계획대로 너무 정확히 진행되고 있다는 사실에 매번 놀라지 않을 수 없었다. 물론 예상치 못했던 일들이 벌어지기도 했다. 1938년에는 첫 번째 부류의 업무 달성률이 72%에 불과했다. 그 이유는 '아이들이 아파서 사람들을 많이 만나야 했기 때문'이라고 설명되어 있다.

시간을 분석하고 통계내고
다시 또 결산하고 계획하고…,

시간은 류비셰프에게 있어서 눈에 보이는 물질과 같았다. 절대로 흔적 없이 사라지거나 흘러가지 않았다. 어디에 사용되었는지 늘 알 수 있었다. 한마디로 류비셰프는 시간을 '채굴해' 나간 셈이었다.

연간 업무 결산은 워낙 내용이 방대했기 때문에 여러 장에 걸쳐서 기록되었다. 1938년의 결산을 보면 생태학 연구와 분류학 연구, 곤충 조직 연구에 몇 시간을 소비했는지, 동물연구소와 키타예프 연구소 관련 업무 등에는 몇 시간을 썼는지에 대해 구체적으로 나와 있다. 사람들과의 교제, 이동, 집안일에 시간이 얼마나 소비되었는지도 알 수 있다.

또한 이 결산만 보면 류비셰프가 어떤 문학 작품을 읽었고 몇 쪽을 몇 시간 만에 무슨 언어로 읽었는지에 대해서도 알게 된다. 기록에 따르면 문학 작품만도 연간 9,000쪽을 읽었고 여기에는 총 247시간이 소요되었다. 또한 연간 552쪽에 달하는 학술 보고서를 집필했고 그 중 152쪽은 타자로 쳐서 정리했다.

류비셰프는 자신이 가지고 있는 통계학에 관한 지식을 총동원하여 지난해를 분석하고 결산했다. 매월 통계를 냈기 때문에 연간 결산을 위한 자료는 충분했다.

한 해의 시간 결산이 끝나면 다음 해 계획을 세워야 했다. 그는 다음 해에 반드시 달성해야 할 가장 중요한 목표를 먼저 세워놓고 계획을 짰다.

자, 그럼 1968년의 경우를 살펴보자.

1968년의 주요 업무 – 8월 모스크바에서 개최될 국제 곤충학회 회의에서 발표할 〈경험분류법의 과제와 방법〉에 대한 논문 작성.

회의가 열리기 전까지 어떤 논문을 탈고해야 하는지, 조갑충 분류를 위해서는 무엇을 해야 하는지, 울리야노프스크와 모스크바, 그리고 레닌그라드(러시아 연방 북서부 끝에 있는 러시아 제2의 도시. 원래 지명은 상트페테르부르크이나 레닌 사후 그를 기념하기 위해 레닌그라드로 개칭. 1991년 개혁 시기에 원래 이름을 되찾아 현재 상트페테르부르크로 불린다.―편집자)에는 며칠씩 머물러야 하는지, 몇 해에 걸쳐 꾸준히 집필해나갔던 저서인 《문화 사이에 나타난 데모크리토스와 플라톤 유파들》을 그해에는 몇 쪽이나 써야 하는지, 분류학과 진화론에 관한 저서인 《분류학의 미래에 대하여》는 몇 쪽을 쓰게 될 것인지 등을 미리 계획했다. 그리고 해당 업무의 난이도에 맞게 단위시간을 배당했다.

제1부류 업무 – 570(564.5).
이동 – 140(142.0).
사람들과의 만남 – 130(129).
사적인 업무 – 10(8.5).

이렇게 해서 대략적으로 총 1,095 단위시간이 나온다.
괄호 안의 숫자는 한해가 지난 다음 집계한 단위시간이다. 계획했던 단위시간과 실제로 사용된 시간 계획 사이의 오차가 얼마 되지 않는다는 점을 보면 류비셰프가 미리 세웠던 연간 시간 계획이 얼마나 정확했는지를 알 수 있다.

그는 연말 결산을 하면서 자신에 대해 철저히 평가했다.

> 제1부류의 업무는 원래 570 단위시간으로 계획되었는데 564.5 단위시간밖에 채우지 못했음. 5.5 단위시간이 부족함. 1%의 오차가 남.

다시 말하자면 그의 계획은 단 1%의 시간 오차 안에서 모두 실행되었다.

그는 매달 월말 결산에서 자신이 했던 모든 일들을 상세하게 기록했음에도 불구하고 연말 결산에서 또다시 자신이 얼마나 많은 책을 읽었고 몇 쪽을 몇 시간에 걸쳐서 썼으며 어떤 공연을 몇 차례 보았고 몇 시간에 걸쳐서 어디를 다녀왔는지 등에 대해서 구체적으로 계산했다. 심지어 휴식 시간까지도 모두 포함하여 실제로 1년 동안에 있었던 일들을 모조리 결산한 뒤 합계를 내었다.

'취미 생활 – 65회'라는 메모 옆에는 그가 보았던 영화, 연극, 음악회, 전시회 등에 대한 상세한 내용을 기록했다. 취미 생활을 연간 65회 즐겼다면 많다고 봐야 할까, 적다고 봐야 할까? 나는 많다고 생각한다. 물론 이에 대한 실질적인 비교 대상이 없기 때문에 내 생각을 확신하지는 못하겠다.

만일 나와 비교한다면? 나와 비교하는 것은 불가능하다. 왜냐하면 나는 지난 일년 동안 극장과 전시관, 음악회 등에 몇 번이나 갔는지 기록해두지 않았기 때문이다. 대충 말하려고 해도 전혀 횟수가 떠오르지 않는다. 하물며 매년 그 수치에 어떤 변화가 있는지에 대해서는 더욱더 알 수 없다. 나이가 들면서 이 수치가 어떻게 변화하고 있는지, 한 해에 책은 몇 권이나 읽는지, 매년 독서량이 늘고 있는지 줄고 있는지, 그 중에 학술 서적과 문학 서적의 비율은 어떤 추이를 나타내고 있는지, 한 해에 편지를 몇 통이나 쓰는지, 글을 몇 쪽이나 쓰는지, 이동한 시간은 어느 정도나 되며, 사람들과 만나는 시간과 운동하는 시간은 얼마나 되는지 등에 대해서 나는 아무것도 모른다.

나는 나 자신에 대해 아는 바가 전혀 없다는 사실을 깨달았다. 나 자신이 어떻게 변하고 있는지, 일에 대한 열정, 취향, 관심사가 어떻게 바뀌고 있는지……. 솔직히 류비셰프의 시간통계 방법을 접하기 전까지 나는 스스로를 아주 잘 알고 있다고 생각했었다. 하지만 실제로는 아무것도 모른다는 사실을 이제야 깨달은 것이다.

……1966년 한 해 동안 제1부류 업무에 소모된 시간은 총 1,906시간이다. 원래 계획은 1,900시간이었다. 1965년에 비하면 27시

간이나 늘어난 것이다. 하루 평균을 내보면 5시간 22분 혹은 5시간 13분 정도 연구하는 셈이 된다.

휴일과 명절도 없이 매일같이 5시간 13분 동안 연구만 한다고 상상해보라. 그 시간 내내 단 1분도 쉬지 않고 연구만 하는 것이다. 곰곰이 생각해보면 정말 굉장한 시간이 아닐 수 없다.

1937년 – 1,840시간.
1938년 – 1,402시간.
1939년 – 1,362시간.
1940년 – 1,560시간.
1941년 – 1,342시간.
1942년 – 1,446시간.
1943년 – 1,612시간.

몇 해 동안의 제1부류 업무에 대한 시간통계는 다음과 같다.

이것은 깊은 사고력과 창의력이 필요한 제1부류 업무, 즉 순수한 연구에만 사용된 시간이다.

제아무리 어렵고 중요한 업무라 할지라도 이 정도로 밀도 있게 계획을 짜서 해내는 사람은 거의 없을 것이다. 류비셰프처럼 강인한 정신력을 가진 경우에나 가능하다.

류비셰프는 다른 여느 육체노동자들보다도 훨씬 더 많은 일을 했다. 알렉산드르 뒤마가 했던 것처럼, 그는 손을 높이 쳐들고 자신의 손가락에 박혀 있는 굳은살로 이를 증명할 수 있었다. 일년 동안 1,500쪽의 글을 쓰다니! 또한 420장의 사진을 현상했다. 더욱더 놀라운 사실은 그때가 1967년으로 류비셰프가 이미 77세의 노인이었다는 점이다. 이제 1967년의 시간통계를 좀더 살펴보자.

> 러시아어로 된 서적 50권 읽음 - 48시간.
> 영어 원서 2권 읽음 - 5시간.
> 프랑스어 원서 3권 읽음 - 24시간.
> 독일어 원서 2권 읽음 - 29시간.
> 7편의 논문을 인쇄에 넘김.

오랫동안 병원 신세를 진 덕분에 독서량은 늘었지만 첫 번째 부류 업무는 많이 진행되지 못했다. 예를 들어서 〈과학과 종교〉라는 논문 집필에는 계획보다 다섯 배나 많은 시간이 소요되었다.

류비셰프의 연간 시간통계는 대기업의 회계 장부를 방불케한다. 어쩌면 그리도 정확하고 깔끔하게 흘러간 시간의 도표를 그리고 수치화하였을까? 이는 류비셰프가 실력 있는 분류학자이며 수학통계 전문가라는 명성을 거저 얻은 것이 아니라는 사실을 확실히 증명해준다.

기타 부분에는 미처 계획대로 읽지 못한 책, 즉 빚을 적어놓았다.

다윈의 《자연의 전당》 – 5시간.
데 브로일의 《물리학에서의 혁명》 – 10시간.
트링거의 《생물과 정보》 – 10시간.
도브잔스키의 저서 – 20시간.

계획대로 이행하지 못했던 업무에 대한 빚 목록은 매년 개정되었지만 전체적으로 그다지 줄지는 않았다.

업무와 무관한 내용도 있다. 수영을 마흔세 번이나 다녀왔다든지 친구나 제자들과 어울려 151시간을 보냈다든지 어떠한 영화가 특히 마음에 들었다든지 등등.

그의 시간통계를 읽는 것은 얼핏 지루할 것 같았지만 계속 분석하다 보니 점점 더 흥미로워졌다.

여전히 풀리지 않는 의문들
그는 대체 왜 이런 고생을 자처했을까?

한 사람이 일년 동안 이렇게나 많은 것을 읽고, 보고, 배울 수 있었다니! 그의 시간통계를 살펴볼수록 나는 그저 놀라울 따름이었다. 매년 기록된 이 시간통계들 하나하나가 바로 인간의 잠재력을 증명해주는 증거물이었다. 이 통계를 보면서 나는 인간의 힘에 대한 뿌듯함과 긍지를 느꼈다. 제대로만 시간을 사용한다면 인간의 힘으로 얼마나 많은 일을 할 수 있으며, 일년이 얼마나 긴 시간일 수 있는지에 대해서도 새삼 깨달았다.

류비셰프는 이와 같이 매년 계획을 세웠고 그것을 다시 5개년으로 묶었다. 5년이 지날 때마다 자신이 이루어낸 일들을 구체적으로 분석하여 전반적인 느낌을 기록해놓았다.

1964~1968년 : 조갑충속 분야에서 많은 일들을 해냈다. 하지만 만약에 다음 5년 안에 이에 대한 논문을 완성할 수 있다면 매우 만족하겠다. 곤충 채집은 모두 끝났지만 각 곤충 종류 간의 차이점을 찾는 일은 다음 5년 동안에도 끝내지 못할 것 같다.

비록 겉으로 보기에 완전히 마무리된 일은 하나도 없지만 그래도 각 분야마다 현저한 진전이 있었다.

보통 류비셰프는 일을 한꺼번에 너무 많이 벌여놓았다. 5개년 계획만 보더라도 수학, 분류학, 진화론, 곤충학, 과학사에 대한 연구가 포함되어 있다. 그래서 계획이나 결산이 그토록 세세하고 다양하게 나타났던 것이다.

이렇게 매달, 매년, 그리고 5년마다 시간통계를 내어 분석하고 평가하는 일은 물론 좋다고 생각한다. 하지만 그 시간에 실질적인 업무를 하는 것이 더 낫지 않을가? 열심히 절약한 시간이 시간통계에 너무 많이 허비되는 것은 아닐까?

류비셰프의 시간통계 방법에 대해 놀라움을 금치 못하면서도 한편으로 의구심이 들었다. 이런 방법이 도대체 누구에게 필요하단 말인가? 그것도 매일 종이에 기록까지 하면서 말이다.

누가 뭐라고 하든 나는 류비셰프의 이러한 시간통계가 단지 자신만을 위해서 자의적으로 시작되었다는 사실을 쉽게 받아들일 수가 없었다. 반드시 어떠한 비밀이나 이유가 숨겨져 있을 것만 같았다. 단지 자기 자신을 위해서, 자신에 대한 관심과 내면의 세계를 분석하기 위해서라는 이유는 도저히 납득할 수가 없었다. 자신을 연구한다니? 이상하지 않은가. 류비셰프는 정말로 괴상한 사람이었다. 이쯤에서 차라리 '류비셰프는 괴짜다'라고 치부해버리는 것이 속 편할 것 같았다. 세상에 괴짜가 어디 한둘이겠는가.

8장

그를 닮을 수 있을까

　이런 식으로 시간통계를 내는 데 얼마나 많은 시간이 들었을까? 이 또한 어김 없이 계산되어 있다. 매번 합계를 낼 때마다 거기에 소요된 시간도 정확하게 계량하는 것이다. 한 달 동안 시간통계에 든 시간은 1시간 30분에서 3시간 정도이다. 여기에 다음 달 계획을 세우는 데 1시간이 들었다. 결국 한 달 동안 순수 연구에 소요되는 총 300시간 중 3시간이 소요된 꼴이다. 1%의 비율이다. 기껏해야 2%를 넘지 않는다. 더군다나 이 3시간은 한 달 동안 시간통계에 소요된 총 시간이다. 하루를 기준으로 하면 몇 분에 불과한 셈이다. 이 정도는 누구나 마음만 먹으면 충분히 투자할 수 있는 시간일 듯하다. 잠자리에 들기 전 몇 분 동안만 기계적으로 시간을 계산하는 습관을 들이면 되는 것이니 말이다.

연간 결산에는 17~20시간 정도가 걸렸다. 꼬박 며칠이 소요된 셈이다. 연간 결산에서는 시간을 얼마나 효율적으로 사용했는지, 계획했으나 실행하지 못한 것은 무엇이며 그 이유는 무엇인지 등 자신에 대한 연구와 분석이 이루어졌다.

류비셰프에게 시간통계는 자기 모습을 비춰주는 거울과도 같았다. 다만 이 거울에 반영되는 것은 지금 이곳의 모습이 아닌, 조금 전의 과거라는 점이 달랐다. 사람들은 거울을 볼 때 표정을 지어내게 마련이다. 진지한 표정, 웃는 표정 등 여러 가지가 있지만 어떻든 중요한 점은 인위적으로 만들어낸다는 데 있다. 일기를 쓸 때도 마찬가지 일이 일어난다. 진정한 속내를 드러내기보다는 왜곡하는 경향을 보이는 것이다.

하지만 류비셰프의 시간통계표는 한 해 동안 보냈던 시간을 고스란히 드러냈다. 그는 쉴새없이 흘러가는 시간을 조금도 놓치지 않고 꼼꼼히 잡아냈다. 우리가 인식조차 못 하면서 헛되이 흘려보내고 마는 시간을 말이다.

우리 기억 속에는 보통 무엇이 담기는가? 이런저런 사건들이다. 우리 인생은 갖가지 사건으로 매듭지어지곤 한다. 하지만 매듭들 사이는 그저 텅 빈 공백으로 남는다. 나 자신의 경우를 보아도 그렇다. 류비셰프에 대해 글을 쓰기 시작한 몇 달 전부터 오늘까지의 시간은 어디로 가버렸을까? 책상 앞에 앉아 일을 한 시간 자체는 많지 않다. 그렇다면 대체 무엇을 하고 있었던 것일까? 무언가 하기는 했다. 늘 바빴기 때문이다. 하지만 무엇 때문에 바빴는지는 기억에 없다. 그럼 이러한 90일은 어떻게 결산이 될까? 쓸데없는 일들에 매달렸던 시간으로? 꼭 필요한 일들을 했던 시간으로? 비단 이 석 달만 그런 것도 아니다. 젊었을 때 나는 새해를 맞을 때마다 지나간 한 해 역시 제대로 보내지 못했다는 아쉬움을 느꼈다. 스스로 결심했던 혹은 남에게 약속했던 일들을 해내지 못한 것이다. 소설을 끝내지 못했고 노브고로트(러시아 연방의 노브고로트 주의 주도로 러시아에서 오래된 도시 중의 하나. 관광지로 유명하며 유네스코 세계 문화유산으로 지정되었다. —편집자)에 가지 못했고 편지에 답장도 못했고 친구를 만나지 못했고……. 늘 다음번으로 미루고 미루다가 결국 해가 바뀌고 마는 일이 반복되었다.

자신의 삶을 분 단위까지 들여다보는 일

그는 정말로 행복했던 걸까?

지금은 아예 그런 식으로 한 해를 돌아보지 않으려 애쓴다. 그저 되는 대로 만족하며 살자고 다독이면서 말이다. 끝내지 못한 일들의 목록은 너무도 길다. 하지만 그렇다고 스스로를 패배자로 여기기는 싫다. 아예 생각을 않는 것이 상책이다. 어쩌면 자기 인생을 이리저리 곱씹지 않는 것이 가장 현명한 태도일지도 모른다.

류비셰프의 사례를 보면서 그렇게 살고 있는 나 자신을 비난해야 할까? 좀더 생각을 해보아야 할 문제이다. 이렇게 빈틈 없이 시간을 계산하고 통계까지 내는 작업에 매달리다가는 사람이 메말라 꿈과 상상력 같은 것은 전혀 찾아볼 수 없는 기계로 변할지도 모른다. 안 그래도 우리를 압박하는 계획들이 넘쳐나는 상황이 아닌가. 학업 진도, 방송 프로그램, 부서의 업무 계획, 휴가 계획, 스포츠 경기 시간표, 출판 일정 등 미리 짜여진 일들은 너무도 많다. 그런 까닭에 예기치 못했던 일들은 점점 드물어지고 있다. 모험이나 우연적인 사건도 사라진다. 신문에 실리는 사건 사고 역시 우리가 충분히 예측할 수 있는 것들이고, 놀라운 사고 소식은 일주일에 한 번 정도 신문 마지막 면에 실릴까 말까 하다.

자기 인생을 분 단위까지 사전에 계획하여 컨베이어벨트 위에 올려놓는 일이 과연 필요할까? 잠시도 쉬지 않고 나의 방종과 실책을 남김없이 기록하는 측정기를 코앞에 설치하면 행복할까?

인간에게는 자신의 모습을 직시하는 것이야말로 끔찍한 일이다. 따라서 직접적이고 객관적인 시선으로 시간과 마주서는 것은 가능한 한 피하는 편이 좋다. 시간은 누구에게든 냉정하다. 시간의 끝 모를 검은 심연 앞에서는 그 어떤 고명한 철학자도 길을 잃고 만다.

류비셰프의 방법을 이해하려 드는 것보다는 무시하는 쪽이 훨씬 마음 편한 일이다. 류비셰프 자신도 시간통계 방법을 타인에게 권하거나 강요하지 않았다. 그저 개인적인 취향이었을 뿐이다. 낡은 안경이나 오래된 담뱃대, 지팡이처럼 그 혼자에게만 익숙하고 편안한 도구가 되었던 것이다.

어쩌면 시간통계는 류비셰프에게도 고통의 원천이 되지 않았을까? 오랜 세월 동안 갈등의 근원이 되지는 않았을까? 갈등이라면 무엇과의 갈등이었을까? 다른 사람과 같은 평범한 삶, 분초를 계산하지 않고 속 편하게 시간을 보내고 싶은 마음과의 갈등이었으리라.

9장
그는 현대 과학자의 이상적 모델인가

류비셰프의 시간통계와 일기, 편지들을 검토하다 보면 점차 그가 강철같이 단단한 사람이라는 사실이 드러난다. 그는 자신이 계획하고 실행하고자 했던 일은 기필코 이루어냈다. 그 무엇도 그를 방해할 수 없었다. 그런 면에서 볼 때 류비셰프는 기계나 다름없는 인간이었다.

1942년에 아들이 전사했다는 소식이 전해졌다. 크나큰 슬픔에도 불구하고 그는 자신이 계획했던 일들을 차근차근 해냈다. 1942년의 계획은 다음과 같았다.

1) 일년 내내 키르기스스탄에 머물 것이다.

2) 겸직하지 않겠다.

3) 응용곤충학에서는 심도 있는 연구를 하지 않겠다. 지도 활동과 키르기스스탄(구 소련의 일부였다가 독립한 중앙 아시아 북부에 있는 나라.—편집자)의 이슈크-쿠르스크 주州(러시아 연방 서부에 있는 주.—편집자)에 서식하는 동물 연구에만 전념하겠다.

이렇게 하면 제1부류 업무량이 1937년(가장 많은 업무를 했던 해) 수준과 비슷해질 것이다. 하지만 첫째, 전쟁 때문에 출판이 불가능하고, 둘째, 키예프에 두고온 내 자료가 대부분 훼손되었을 것이며, 셋째, 이제 내 생애에서 가장 중요한 일을 시작할 때가 되었다.《이론분류학과 자연철학》의 저술에 착수해야 하는 것이다. 이와 같은 이유로 인해서 1942년에는 과학과 관련한 짧은 논문 세 편만 쓰고 그 밖의 다른 글은 쓰지 않겠다.

그는 이렇게 계획을 세웠고 모든 일이 계획대로 이루어졌다. 1942년은 그에게 있어서 매우 바쁜 한 해였다. 마치 개인적인 슬픔이 업무에 아무런 지장을 주지 않았던 듯, 일기나 계획서는 다른 때와 비슷했다. 류비셰프는 자신이 지상에 머무는 시간을 미리 계산하고 있었던 것처럼 '때가 되었다. 이제 절대로 미루지 말고 즉시 일을 시작해야 한다'라고 말했다.

개인적인 일들, 즉 가족들로부터 느끼는 기쁨과 슬픔, 고통 등은 그의 업무를 방해할 수 없었다. 그는 이런 일들을 모두 '집안일'이라는 분류 속에 넣어버렸다.

　나는 그가 너무 냉정하다고 생각했다. 하지만 주위 사람들의 의견은 조금 달랐다. 예를 들어 서른 살가량 된 어느 젊은 공학박사는 류비셰프가 냉정했던 것이 아니라고, 다만 보다 더 가치 있고 필요한 일을 강조했을 뿐이라고 말했다.

　"눈물로 고통을 잊게 할 수 없습니다. 그러니 될 수 있는 한 빨리 슬픔을 털어버리는 것이 백번 낫지요. 죽은 사람을 생각하며 슬퍼하는 것은 종교적인 감정입니다. 아무리 슬퍼해도 죽은 사람은 돌아오지 않는데 도대체 왜 그리 오래도록 슬퍼한단 말입니까? 현재의 장례식은 시대착오적입니다. 생각해보십시오. 감정을 자극하는 추도사는 솔직히 가족들의 슬픔만 더 자아낼 뿐 아무런 힘이 되지 않습니다. 이 방법은 합리적이지 못합니다. 현대인은 좀더 더 합리적인 방법을 찾아야 합니다. 그런데 우리는 항상 이성을 무시하고 감정에 얽매이려고만 합니다."

　그는 나에게 류비셰프를 모델로 삼아 현대적인 과학자의 이상을 창조해보라고 권유했다. 매우 치밀하며 체계적으로 일하는 과학자, 자잘한 정에 사로잡히지 않은 채 평범한 일상에서 최대한 많은 것을 얻어낼 수 있는 과학자, 그러면서도 선하고 따뜻한 감정을 지닌 과학자 말이다.

　"……말이 나왔으니 말인데, 현대적인 과학자란 이성의 결과물이라고 할 수 있습니다. 여기서는 의지와 이성이 가장 중요하지요. 학문적인 목표가 세워지고 여기에 강철 같은 의지와 이성이 잘 결합된다면 그 목표를 이룰 수 있습니다.

사람들은 합리주의자들을 보면 비판부터 하려 듭니다. 도대체 왜 비판한답니까? 만약에 모든 것이 이성에서 나온다면 합리주의자가 나쁠 게 뭐 있어요? 이성은 도덕과 모순되지 않습니다. 오히려 진정한 이성은 비겁함이나 저속함에 맞서 싸우게 마련입니다. 지혜로운 사람이라면 도덕적인 것이 결국 우리에게 이롭다는 사실을 잘 알 것입니다."

박사의 순수하고도 열정적인 말을 들으면서 나는 그가 자신의 이상에 걸맞은 인간을 찾기 위해 얼마나 애쓰고 노력해왔는가를 느낄 수 있었다. 박사는 합리적 인간의 모델이자 진정한 학자인 '현대판 바자로프'를 찾고 있었다. 바자로프는 감정이 아닌 이성에 따라 영웅적이고 도덕적으로 행동했다. 이성을 바탕으로 설계된 삶을 살면서 많은 성과를 얻어냈던 것이다.

그리고 마침내 바자로프와 같은 이상적인 인물이 우리 앞에 나타났다. 그는 처음에 매우 평범한 사람이었지만 훗날 자신을 꾸준히 개발하여 완벽하고 훌륭한 학자가 되었다. 류비셰프가 바로 그 사람이다. 그는 이성을 바탕으로 자신만의 특별한 방법을 개발해 스스로를 꾸준히 발전시켰다. 그리하여 인간이 목표를 세워놓고 끊임없이 노력하면 얼마나 많은 것을 이룰 수 있는가를 확실히 증명해냈다.

이 방법은 아주 오랫동안 체계적으로 실천해야 한다. 그렇게
만 한다면 천재의 재능보다 훨씬 더 큰 뭔가를 얻을 수 있을 것
이고 자신이 지닌 능력의 몇 배 이상을 발휘하게 될 것이다. 이
방법은 장거리 경주로 비유될 수도 있고 작은 빛을 모아서 종이
까지도 태우고 마는 볼록렌즈라고도 말할 수 있다. 한마디로 이
성적인 힘의 결정판이다.

류비셰프가 이렇듯 완벽한 방법을 사용한 것은 한두 해에 그
치지 않았다. 이 방법의 우월성을 증명이라도 하듯 그는 평생
을 그렇게 살았다. 류비셰프 자신이 이 방법의 첫 번째 실험 대
상이었고 다행히도 그 실험은 성공했다. 그의 삶 전체가 이성의
법칙에 따라 설계된 실험적 모델이었던 셈이다. 그는 일에 대한
자신의 열정을 안정적으로 유지하고 관리하는 방법을 터득했
다. 몸과 마음을 지탱시켜 주는 이 방법 덕분에 그는 마지막 20
년 동안에도 청년 시절 못지않은 열정을 가지고 일에 집중할 수
있었다. 일상생활이 무미건조하다는 주위의 비난에도 그는 전
혀 동요하지 않았다. 무미건조한 삶이 이성이나 도덕성을 억누
르는 것은 아니기 때문이었다. 과학적인 이성을 두려워한다면
그것은 참으로 부끄러운 일이 아닐 수 없다. 그리고 현재 그런

상태에 있다면 가장 필요한 것은 정신과 이성 간의 싸움이 아니라 잘못된 정신과 올바른 정신과의 싸움일 것이다. 지식과 깊은 사고로 가득 채워진 올바른 정신이라면 그 어떤 기계적인 사고의 속박에서도 자유로울 수 있기 때문이다.

앞서 소개했던 젊은 박사는 이 내용들이 정말 사실인지, 자신이 생각했던 이상적인 인물과 류비셰프가 정말로 많이 비슷한지, 혹시 다른 점은 없는지 등에 대해서는 전혀 관심을 갖지 않았다. 오히려 이상적 인물과 실제 인물 간에는 다소의 차이가 있는 것이 당연하다고 생각했다. 그가 가장 중요하다고 여긴 것은 고골리가 자신의 소설에서 했던 것처럼 주인공을 통해서 작가가 전달하고자 하는 생각이었다. 다시 말해 류비셰프를 통해 현대적인 과학자의 모습을 그려내라는 주문이었다.

하지만 나는 그럴 수가 없었다. 내가 실제로 알고 지냈던 류비셰프에 대한 기억이 그런 왜곡을 방해했다. 그의 일기에도 나와 있듯이 '1시간 35분'과 '1시간 50분' 동안 깊은 이야기를 나누고 함께 산책도 했던 실존 인물 류비셰프에 대한 나의 기억이 그렇게 하지 못하도록 막았던 것이다.

10장
그의 유전적 특징에 대해

실상 모든 일은 조금 다른 식으로 일어났다. 물론 이제까지 내가 언급했던 말이 거짓이라는 의미는 아니다. 이는 모두 정확한 사실이다. 하지만 언급하지 않았던 내용들도 있다. 전체적인 윤곽을 다소 망가뜨리게 될 수도 있는 이런 측면들을 꼭 고려해야 하는지는 잘 모르겠다. 문학이나 미술에서는 사실을 선별하기 마련이다. 버릴 것은 버리고 일부분만 남겨두는 것이다. 예를 들어 초상화를 그리는 화가는 정면이나 옆모습 중 하나만을 선택한다. 결국 인물 모습의 절반은 늘 캔버스 뒤로 감춰지고 만다.

책도 이런 캔버스나 다름없다. 내가 전달하는 것은 인물의 실제 모습이라기보다는 그 모습을 통해 얻게 되는 감동이다. 그렇기 때문에 여기서 모순되는 사실을 제시하면 전체 균형이 깨지고 만다. 다된 그림 위에 엉망으로 덧칠을 하는 셈이다. 내가 개인적으로 류비셰프를 알지 못했더라면 솔직히 모든 일이 훨씬 수월했을 것이다.

류비셰프는 아들의 죽음이 가져온 슬픔을 오래도록 이기지 못했다. 당시 그가 쓴 편지를 보면 아들에 대한 기억을 남자답게 억누르고는 있지만 그럼에도 불구하고 견디기 어려운 아버지로서의 슬픔이 가득하다. 그는 수상스키 타는 사람이 보트의 밧줄을 꽉 움켜쥐듯이 한층 더 규칙적으로 일상 생활을 해나갔다. 밧줄을 놓치면 속력을 잃어 바로 물에 빠져버리고 만다. 크나큰 슬픔과 고통의 시기에도 류비셰프는 곤충 표본을 만들었고 매일의 삶을 기록했다. 다만 그 모든 활동은 기계적으로 이루어졌다. 과학은 의미를 상실했고 감당하기 힘든 외로움이 그를 괴롭혔다. 그의 주장에 동조하는 사람은 아무도 없었다. 결국은 자신의 견해가 옳은 것으로 드러나리라 믿었지만 그러자면 긴 세월 동안 홀로 황야를 걸어야 했다. 그런데 그에게는 그럴 만한 힘이 없었다.

그는 마음먹은 대로 시간을 부릴 수 있는 사람이었다. 하지만 상황에 대해서는 그렇지 못했다. 그도 결국 어쩔 수 없는 인간이었다. 열정과 사랑, 성공, 행운 등 모든 것이 자신을 외면하는 상황에서는 그도 막다른 길로 내몰릴 수밖에 없었다.

류비셰프는 재혼을 한 후에야 오랫동안 고대하던 단란한 가정의 행복을 얻게 된다. 재혼 직후 그가 쓴 편지를 보자.

…… 가정만이 줄 수 있는 안락함이 과거의 삶을 저버리게 만들고 있다네. 오랜 친구인 자네에게 고백하네만 나는 심지어 학문적인 관심까지도 급격히 잃게 되었지. 그렇다고 나를 비난하지는 말아주게. 과거에도 많은 잘못을 용서해준 자네이니 이번에도 그렇게 넘어가 주게나. 이것을 과학에 대한 배신이 아니라 가혹한 고통을 겪다가 이제야 평화로운 오아시스를 찾은 어느 나약한 인간의 휴식으로 생각해주면 좋겠네.

친구를 상대로 고백할 때조차 용기가 필요하다. 사람은 매일같이 자기 잘못을 인정하면서 살 수 없는 존재이다. 하지만 류비셰프는 하루도 빠짐없이 자신에 대한 기록을 남겼다. 그러고는 자기 나약함의 정도를, 또한 행복을 위해 치른 대가에 대한 비용을 계산했다. 스스로에게 이렇게 솔직하려면 엄청난 정신력이 필요했을 것이다. 그 고독한 길을 걸어갈 힘과 의지는 대체 어디서 나왔을까? 스스로를 객관적으로 바라볼 수 있는 마음은 어디서 온 것일까? 사실 이건 우리를 늘 의아하게 만드는 것 중 하나이다. 돈키호테나 성인聖人, 고행하는 수도자 같은 사람들은 어디서 갑자기 나타나는 것일까? 강력한 자극이나 눈에 보이는 어떤 동기도 없이 하루아침에 혁명가로 다시 태어나 슬픔과 고통의 길을 택하는 사람들은 대체 어떻게 된 이들일까? 상황이나 환경의 힘일 수도 있다. 하지만 무언가 미리 결정된 것, 운명이라 부를 수밖에 없는 것도 존재한다.

1954년, 류비셰프가 이반 슈말게우젠에게 보냈던 편지를 보자. 편지의 제목은 '현재를 좀더 잘 이해하기 위해 과거를 돌이켜봄(내가 타고난 유전적 특징을 소개함)'이다.

……이제 나이가 드니 말도 많아지는 모양이네. 지금부터 내가 부모님과 조상으로부터 물려받은 유전자에 대해 설명을 해보겠네.

자네도 알고 있겠지만 내 아버지 쪽 선조들은 '방향이 뚜렷이 정해진' 교육을 받았네. 모두들 아라크체에프 백작의 농노였거든. 하지만 그럼에도 불구하고 용감하고 성실했다고 하는군. 덕분에 내 피 속에는 못 말리는 낙관주의가 흐르고 있다네. 증조할아버지는 니콜라이 1세Nikolay 1(1796~1855, 치세기간 동안 러시아를 강압적으로 통치해 전제정치 상징으로 꼽히는 인물. ─편집자) 시절에 콜레라로 돌아가셨지. 우리 할아버지는 그렇게 해서 불과 며칠 사이에 부모님과 고모들을 모두 다 콜레라에 잃고 여덟

인가 아홉 살의 어린 나이로 고아가 되고 말았다네. 하지만 타고 난 낙관주의가 얼마나 강했던지 할아버지는 계속 치러지는 장례 식에서도 눈물이 나오지 않았다더군. 그렇다고 멀뚱멀뚱 서 있을 수도 없어 결국 양파를 눈에 갖다 대 눈물을 짜냈다는 거야. 어린 시절 이야기를 할 때면 할아버지는 제아무리 슬픈 대목이 나와도 허허거리며 웃으시곤 했지. 성격이 모질거나 슬픔에 무감각했기 때문은 절대 아냐. 할아버지는 아주 좋은 사람이었어. 다만 그 낙 관주의가 문제였던 게지.

우리 아버지 역시 주위 사람들이 모두 놀랄 정도로 항상 밝고 명 랑한 분이었어. 아무리 힘든 상황에서도 낙천성을 잃지 않았지. 늘 즐겁게 산다는 말을 듣는 나도 이런 선조들에 비한다면 아직 한참 먼 수준이야.

어머니 쪽에서 물려받은 유전자는 다른 사람과 이야기하거나 논 쟁하기 좋아하는 기질이라네. 어머니의 결혼 전 성은 볼투슈키나 였어. 성姓부터가 예사롭지 않았지('수다떨다'라는 뜻의 러시아어 동사와 어근이 같음. ─옮긴이). 외할아버지인 드미트리 바실리에 비치는 논쟁을 몹시 즐겼고 기차 여행을 할 때면 말싸움을 벌일 상대를 일부러 찾아다니실 정도였다네. 쉽게 자기 말에 수긍해주 는 길동무는 전혀 좋아하지 않았지.

또 나는 떠돌이 방랑자 유전자도 이어받은 것이 분명해. 부모님 이 모두 떠돌아다니기 좋아하는 노브고로트 지방 출신이었으니 말일세.

떠돌이 유전자의 존재를 보여주는 사례는 여러 가지야. 우선 우리 외할아버지는 그 옛날에 라트비아(에스토니아, 리투아니아 사이에 위치하고, 동으로는 러시아와 국경을 마주하는 유럽 북동부의 국가. ―편집자)의 미타바(라트비아 중부에 위치한 교통의 요지. ―편집자)까지 가서 공부를 했다네. 그만 사기를 당하는 바람에 고향 집으로 돌아오게 되었지만 말이야. 또 외가 쪽 친척 아저씨 한 분은 1877년의 러시아―터키 전쟁(흑해에서 발칸반도로 진출하려는 전통적인 동방정책의 결과 일어난 전쟁으로 제2차 동방전쟁이라고도 한다. ―편집자) 이전에 이미 체르냐브스키 부대에 지원병으로 입대했었지. 친할아버지도 여행을 몹시 좋아하셨다더군. 여행이란 것이 드물던 시절에 성지 순례를 하고 예루살렘을 두 번이나 갔었다면 말 다한 것이 아닌가. 그런 조상을 둔 나나 내 아내는 다른 레닌그라드 사람들과는 달리 고향인 레닌그라드에 특별한 애착이 없다네. 여기서 계속 살려는 마음도 없지.

참, 내가 이어받은 유전자 중에는 자유로운 사고 유전자도 있군. 우리 외할아버지는 볼테르Voltaire(1694~1778)에 심취했고 다윈의 책을 즐겨 읽는 자유로운 사고의 소유자셨어. 그리운 우리 아버지 또한 경직된 분은 아니었어. 신앙이 깊었지만 맹목적으로 믿는다거나 다른 종교를 무조건 비판하는 일은 전혀 없었지. 살티코프―시체드린Mikhai Yevgrafovich Graf Saltykov(필명은 N. Shchedrin,

1826~1889. 급진주의적 성향을 지닌 러시아 소설가. ─편집자)의 분류에 따르자면 아버지는 악마를 무서워해서가 아니라 신을 사랑하기 때문에 신을 믿는 사람이었어. 그리고 아버지가 생각하는 신은 고리키의 할머니가 그랬듯 자애롭고 사랑이 넘치는 모습이었지. 아버지는 명절이 되면 정교회를 찾아가셨고, 그곳 미사의 아름다움에 감탄을 금치 못하곤 했어. 하지만 해외에 나가 있다거나 할 때는 가톨릭이나 개신교 교회로 가셨다네. 바르샤바에 갔을 때면 반드시 합창이 아름다운 유대교 교회당에 들렀고 말이야.

아버지는 교육을 많이 받지 못했고 어른이 된 후에는 장사 일을 하셨지. 이렇게 말하면 우리 집안이 아주 가부장적이었으리라 생각할지도 모르겠네. 하지만 그와는 정반대였어. 나는 아주 어릴 때부터 아버지와 정치적인 주제로 열띤 논쟁을 벌였다네. 온건한 시각을 가졌던 아버지는 혁명을 전혀 원치 않으셨지. 그렇지만 어린 내게 '그만 입 다물어! 어른한테 그렇게 대들면 못 쓴다'라는 식으로 말씀하신 적은 단 한 번도 없었다네. 언제나 나를 다 큰 어른처럼 대접하며 기꺼이 의견을 나누었지.

대대로 상인이었던 아버지 쪽 선조들은 내게 욕심 유전자도 물려준 모양이네. 내가 알고 있는 가장 먼 조상인 고조할아버지는 아예 욕심이 많다는 뜻인 '자그레빈'을 성으로 삼기도 했다는군. 그야말로 부유한 지주에게나 어울릴 법한 이름이었지만 그분은 농노 신분으로 장사를 했지. 하지만 우리에게 전해진 그 욕심 유전자는 다양한 모습으로 드러났어. 아버지는 물질적인 욕심이 많았고 현명하게 돈을 모았지. 아마 그런 면에서는 미국 사람에게도 절대 뒤지지 않을 걸세. 어렸을 때부터 아버지는 스스로 세상을 배웠고 죽는 날까지 호기심에 넘치셨어. 아버지는 제2차 세계대전 중 86세를 일기로 돌아가셨지. 하지만 아들인 나는 그런 욕심이 크지 않았네. 내 실용적인 능력을 크게 평가하던 아버지는 이를 애석하게 생각했지. "아들놈이랑 힘을 합치기만 한다면 노브고로트 땅 전체를 사들일 수도 있을 텐데."라고 중얼거리시기도 했다네. 하지만 내가 과학 연구에 평생을 바치겠다고 결정하자 아버지는 전적으로 편을 들어주셨어. 지나가는 말로 그저 몇 차례 안타까움을 표현하기는 하셨지만 말이네. 공산주의 혁명이 일어난 후에는 물론 내 인생 행로에 대해 애석해 하실 필요도 없어졌지. 나는 공부 욕심이 많았고 광대한 지식의 세계에 무한한 흥미를 느꼈네.

마지막으로 내게 전해진 유전자로 박애주의가 있네. 바로 이 때문에 내 성이 류비셰프인 거야. 내 성은 증조할아버지 때 만들어졌지. 증조할아버지는 사람들을 부를 때 '가장 사랑하고 존경하는'이라는 말을 붙이곤 하셨거든(류비셰프란 성은 '사랑하다'라는 뜻의 러시아어 동사와 어근이 같음. ─옮긴이). 우리 아버지도 남달리 친절한 분이었고 남에 대해 늘 좋은 쪽으로만 생각했지. 확실한 증거가 나타나기 전까지는 뒤에서 수군거리는 소문을 절대

믿지 않고 말일세.

내가 물려받은 유전자들은 대략 이렇다네. 내가 가진 특성은 일차적으로는 우리 아버지로부터 왔지만 외할아버지가 전해주신 것도 적지 않지. 외할아버지는 특별히 아이들을 좋아하는 편은 아니셨지만 유독 나만은 아주 어릴 때부터 귀여워해 주셨거든.

스스로를 분석해놓은 류비셰프의 이 편지를 읽다 보면 그의 성격을 특징짓는 가치 기준들이 분명해진다. 학문적 업적과 성격적 특성 중에 더 관심 가는 것을 고르라면 난 언제나 후자 쪽이다. 비단 나만 그런 것도 아니다. 이반 파블로프Ivan Petrovich Pavlov(1849~1936, 러시아 생리학자로 조건반사를 증명한 '파블로프의 실험'으로 유명하다.─편집자)나 드미트리 멘델레예프, 닐스 보어Niels Bohr(1885~1963, 20세기 위대한 물리학자 중 한사람으로 1922년 노벨 물리학상을 받은 덴마크 물리학자.─편집자) 같은 위대한 인물들에 대한 이야기를 들을 때 대부분의 사람들은 학문적 업적보다는 시시콜콜한 인생사 쪽을 더 흥미롭게 생각한다. 아니, 어쩌면 이런 비교는 상황에 따라 다를지도 모르겠다. 비록 나 자신은 어떤 상황에서든 이렇다고 생각하지만 말이다. 학문적으로 커다란 권위를 누리는 학자일수록 그의 성격이나 개인적 특성이 더욱 관심을 끌게 마련이다.

이고르 쿠르차토프Igor Vasilyevich Kurchatov(1903~1960, 소련 최초

의 원자폭탄, 세계 최초의 실용 열핵폭탄을 만든 핵물리학자. ─편집자)와 로버트 오펜하이머Julius Robert Oppenheime(1904~1967, 미국의 이론 물리학자. 원자폭탄 개발 기간 동안 뛰어난 공헌을 하였으나 위험인물로 지목되어 보안사항 취급허가와 고위직 자문역을 상실하게 되는 인물. ─편집자)는 모두 원자폭탄 개발에 공헌했고 비슷한 정도의 학문적 업적을 쌓았다. 하지만 사람들은 쿠르차토프라고 하면 고매한 과학자로서의 삶을, 오펜하이머라고 하면 이념 논쟁에 휘말렸던 비극적인 인생을 떠올린다.

"나는 제도나 이념보다
사람이 훨씬 낫다고 믿는 쪽이라네."

인류가 만들어낸 위대한 산물들 중 다른 무엇보다도 더 견고한 것이 바로 도덕적 가치이다. 학생들은 해가 바뀌면 아무런 미련도 없이 새로운 스승이나 교사를 찾아가고 좋아하는 화가나 작가를 바꾸어버린다. 하지만 순수하고 아름다운 영혼을 가진 사람을 만나는 행운을 누렸다면 더 이상 그럴 일이 없다. 마음을 뒤흔드는 그런 사람을 만났다면 말이다. 사람은 늘 덕과 선 앞에 감동하게 마련이다.

류비셰프의 편지에는 이렇게 종종 자신에 대한 분석이 등장한다. 이는 비교를 위한 분석이었다. 그리고 이 과정에서 그 자신이 지닌 도덕적 신념과 스승 혹은 동료들의 윤리적 면모에 대한 평가가 적나라하게 드러나곤 했다.

류비셰프가 친구이자 의학아카데미 회원 파벨 스베틀로프에게 보냈던 편지도 그랬다. 당시 스베틀로프는 유명한 생물학자인 블라디미르 니콜라예비치 베클레미세프의 전기傳記를 쓰고 있었다.

……전기에서 자네는 아주 중요한 내용 하나를 빠뜨렸더군. 바로 블라디미르 니콜라예비치가 보기 드물게 절제력이 강하고 초지일관한 사람이라는 점 말이네. 나는 그런 점에서 형편없이 부족하기 때문에 늘 그에게 경탄을 금할 수 없었다네. 난 단호하고 신랄하게 내 의견을 말하기 때문에 가까운 사람에게조차 상처를 주는 일이 많았어. 그렇다고 진정한 우정을 잃어버리는 사태는 한 번도 일어나지 않았고 그런 비판이 오간 후 오히려 친구가 되기도 했지. 하지만 자존심 상한 상대가 눈물까지 보이는 경우도 종종 있었다네.

……블라디미르 니콜라예비치는 라틴어에 능통했고(반면 그리스어는 잘 모르는 듯했어) 쉴 때는 로마 작가들의 글을 즐겨 읽곤 했지. 물론 한번은 라틴어 원전이 아닌 번역판 헤로도토스Herodotos(BC 484경~BC 430경, 그리스의 역사가. ―편집자)를 읽는 모습도 보았네만 말이야. 어떻든 이런 독서는 휴식이었을 뿐

과학 연구와는 아무런 상관이 없는 일이었지. (……) 우리가 단테 Alighieri Dante(1265~1321)에 대해 이야기를 나누었던 일이 생각나는군. 그는 단테의 열광적인 지지자였어. 단테가 충분히 인정받지 못한다고 생각하고 있었지. 나는 단테의 시가 아름답다는 점은 인정하지만 그의 세계관이 특별히 숭고하다고는 여기지 않았지. 오히려 나는 단테의 작품 중에서 몹시 싫은 부분이 많았다네. 예를 들어 그 유명한 〈지옥편〉의 시작을 보아도 그렇네 (기억나는 대로 쓰겠네. 틀린 부분이 있을지도 모르겠군).

Per me si va nella citta dolente,

Per me si va nell' eterno dolore,

Per me si va tra la perduta gente.

Giustizia mosse il mio alto fattore,

Fecemi la divina potestate,

La somma sapienza e il prima amore.

Dinanzi a me non fur cose create,

Se non eterne; ed io eterno duro.

Lasciate ogni speranza voi ch'entrate…….

버려진 마을로 데려가겠다.

영원히 이어지는 신음 소리를 뚫고 데려가겠다.

죽은 세대들에게 데려가겠다.

진실로 인해 내 창조주가 영감을 얻었네.

나는 드높은 힘과 충만한 지혜,

그리고 태초의 사랑에 의해 만들어졌다.

나 이전까지는 영원한 창조물이 있었을 뿐

그 영원함으로 나는 변치 않으리.

이곳에 드는 자여, 희망을 버려라.

　　　　—M.L. 로진스키M.L. Rodzinsky의 번역

이뿐만이 아니네. 다음과 같은 구절도 있지.

Chi e piu scelleranto' shi solui

Chi a giustizia divin compassion porta…….

이 구절의 뜻은 '신의 심판을 받은 죄인을 동정하는 사람보다 더 나쁜 악당이 있는가'라네. 이것은 단테가 자신의 정치적인 적수를 만나 구해달라는 간청을 받는 장면 바로 다음에 나오지. 단테는 부탁을 들어주겠다고 약속하네. 하지만 마지막 순간에 약속을 어기고 말아. 그리고 괴로워하는 정적의 모습을 바라보며 사악하게 웃지. 이는 친구나 친척에 대한 냉혹한 태도를 넘어서는, 뭐라 불러야 할지는 모르겠지만, 어떻든 훨씬 더 나쁜 것이네. 단테의 이 희극적인 작품은 《신곡神曲》(〈지옥편〉, 〈연옥편〉, 〈천국편〉의 3

편으로 구성되어 각각의 상황을 시로 읊은 단테의 대표적 작품. ─
편집자)이라기보다는 '인곡人曲'이라 불러 마땅할 게야. 그것도 인
간의 추악한 본성을 가장 명백하게 드러내는 시 말일세. 종교적
인, 특히 기독교적 관점으로는 도저히 이해할 수 없는 내용이 이
밖에도 무수히 많이 있다네. 블라디미르 니콜라예비치는 단테가
위대한 시인일 뿐 아니라(나는 이 점도 인정하지 않지만 말일세)
'지혜로운' 눈으로 보통 사람은 보지 못하는 것을 본 예언자였다
고 생각했지. 나와 주위 많은 사람들 사이의 견해 차이는 바로 여
기에 있네. 사람들은 셰익스피어William Shakespeare(1564~1616)나
푸시킨Aleksandr Sergeevich Pushkin(1799~1837)이 위대한 희곡 작가
혹은 시인일 뿐 아니라 인류 사상의 선구자였다고 여기지. 나는
이 점을 절대 인정할 수 없네. 그 옛날 소크라테스의 제자들이나
플라톤, 아리스토텔레스에게서도 찾을 수 있는 그 고매한 도덕성
이 단테에게는 전혀 없어. 이렇게 하여 단테 문제에 있어서는 블
라디미르 니콜라예비치와 내가 도무지 타협을 보지 못했지.

…… 블라디미르 니콜라예비치가 자기 관심사를 적절히 나누었
던 것은 대단히 훌륭하다고 생각하네. 또 모기를 대상으로 한 그
의 연구는 엄청난 도덕적 가치를 지니고 있어. 직접적으로 인류
에게 도움을 주니 말일세. 물론 그가 세운 많은 계획이 실현되지
못한 채 남기는 했지. 하지만 이 점에 있어서는 결국 모든 사람이
다 마찬가지라고 말하고 싶네. 사람이란 늘 지나치게 많은 계획

을 세우게 마련이지.

……하고 싶은 말을 거침없이 내뱉는 내 습관이 인내심 부족에서 나온 것이었다면 아마 나를 미워하는 적수가 수없이 많았을 걸세. 내 분명한 원칙은 논쟁에 절대로 개인적인 목적을 개입시키지 않는다는 거야. 블라디미르 니콜라예비치 역시 신랄한 비판에 서슴 없이 자신을 맡길 줄 아는 사람이었네. 물론 블라디미르 니콜라예비치보다는 내가 더 쾌활하고 바보스럽거나 우스운 짓거리를 즐겨 했지. 나도 어렸을 때는 싸움을 좋아하지 않았고 싸운 적도 전혀 없었어. 겉으로 보기에 아주 얌전한 아이였지. 하지만 지적인 논쟁은 점점 좋아하게 되었다네. 지적인 싸움이 벌어지면 나는 권투 선수로 변신하고 말아. 그래서 맞아도 아픔을 느끼지 않고 또 상대에게 당당하게 한 방 먹일 수 있는 권리를 즐기곤 하지. 이런 기회를 갖는 것은 전혀 나쁠 게 없어. 개인적인 원한 관계를 만드는 것도 아니고 말이야. 여러 나라에 살면서 나는 다양한 사람들과 멋진 싸움을 벌여보았다네.

……블라디미르 니콜라예비치도 인정한 바 있네만 내가 그보다 더 낫다고 할 수 있는 점은 바로 형이상학적 용기. 바자로프가 보여준 것과 같은 허무주의일세. 다시 말해 이성으로 비판해보지 않고는 아무것도 인정하지 않는 거지. 블라디미르 니콜라예비치에게는 그 자신이 생각하기에 절대적으로 옳은 주장이 있었고 그 때문에 그는 나보다 참을성이 적었어. 하지만 겉으로 조급함을

드러낸 적은 한 번도 없었네. 여기서 참을성이란 통상 사용하는 의미와는 좀 다르네. 자기 의견을 '강요하려는' 그런 시도를 우리는 참을성 없는 태도라 보지. 우리가 동원할 수 있는 힘은 이성뿐이네. 그리고 이성의 힘에는 이미 강제력은 없지. 크로포트킨(Peter Kropotkin(1842~1921, 여러 학문 분야에서 인정을 받았지만 혁명가의 삶을 선택한 러시아의 지식인·무정부주의자.—편집자)은 '사람이 제도보다 낫다'라는 멋진 말을 했었네. 황제의 호위병들을 보고 한 말이었지. 나는 여기에 또한 '사람은 신념보다 낫다'라고 덧붙이고 싶다네.

······ 개인적인 그리고 외부적인 여러 상황에 따라 나는 1925년에 곤충 채집을 시작했고(당시 주로 벼룩을 수집했지) 또한 비슷한 시기부터 페름 대학에서 농작물을 망치는 해충에 대해 강의를 해왔네.

······ 우크라이나(러시아 서부 흑해 연안에 위치한 나라.—편집자)와 카프카스(러시아 남서부 지역.—편집자)로 함께 연구 출장을 갔던 블리스라는 미국학자는 내가 주위의 잔소리에도 불구하고 초라한 옷차림을 고집하는 것에 대해 이렇게 말하더군. "남의 이목에 신경 쓰지 않으시는 것이 참으로 놀랍습니다. 하지만 유감스럽게도 저는 그렇게 할 용기가 없군요." 정말로 현명한 사람의 입에서 나온 그런 칭찬은 속물 수천 명의 모욕을 상쇄시켜 주네. 나는 학자라면 가장 초라한 옷차림을 해야 한다고 생각하네. 그

이유는 첫째, 의복을 진정한 기쁨의 원천으로 삼는 사람들과 경쟁할 필요가 없고 둘째, 초라하게 입으면 활동하기가 더 편하며 셋째, 의식적인 차원에서나마 '고행'을 실천하는 것이 나쁘지 않은 일이기 때문이네. 주위 사람들의 평에 연연하지 않고 연구하자면 이런 식의 비판을 통한 심리적인 단련도 필요한 법이지.

위 인용문은 류비셰프의 성격, 나아가 그를 둘러싸고 있던 문화적 특성을 최대한 보여주기 위해 관련된 부분만 발췌한 것이다.

류비셰프와 그 동료들은 단테를 원어로 읽고 일부분을 암기까지 한 상태로 논쟁할 수 있었다. 티투스 리비우스Titus Livius(BC 64/59~AD 17)나 세네카, 플라톤의 글귀도 자주 인용하곤 했다. 고전 교육을 받았기 때문이라고 말하고 싶은가? 하지만 그들은 고전뿐 아니라 당대의 러시아 문학은 물론이고 위고Victor Hugo(1802~1885)와 괴테Johan Wolfgang von Goethe(1749~1832)에 대해서도 훤히 알고 있었다. 위에 인용한 편지는 문학, 그 중에서도 고전 문학을 전공한 사람이 쓴 것이라 여겨질지도 모른다. 류비셰프의 글 모음에는 레스코프Nikolay Semyonovich Leskov(1831~1895, 러시아 소설가·단편작가.—편집자), 고골리, 도스토예프스키, 로맹 롤랑Romain Rolland(1866~1944)에 대한 논문도 들어 있다.

문학이 그의 특별한 취미였을까? 전혀 아니었다. 문학은 너무도 자연스럽게 터득한 지식이었고 조건 없이 사랑해야 하는 대상이었다. 문학을 연구하고자 작정한 것이 아니었다. 그저 예술을 소비하는 데 만족하지 못하고 자신이 읽고 보고 들은 것에 대해 꼼꼼히 분석해야만 직성이 풀렸던 것이다. 그는 오래 전에 이미 사라져버린 지식인의 자세를 견지했던 셈이다. 류비셰프는 접하는 모든 것을 자신의 인생관에 반영하려는 듯했다. 단테나 레스코프의 작품에 대해 깊이 생각하면 생각할수록 거기서 얻는 즐거움도 커졌다.

한 편지에서 그는 실러Johann Christoph Friedrich von Schiller(1759~1805, 독일의 극작가·시인·문학이론가.―편집자)의 《마리아 슈튜아르트》와 《오를레앙의 처녀》를 인용하고 있다. 문장을 인용하는 데서 출발했다가 결국은 한 장면 전체를 다 쓰고 말았다. 좋아하는 문장을 옮겨 쓴다는 즐거움에 빠져 정신없이 몰두하게 된 것이리라. 과거의 지식인들은 바로 그러했다.

만인이 믿고 따르는 상식도,
모두가 인정하는 권위도,
류비셰프 앞에서는 절대적이지 못했다

류비셰프와 그 동료들이 가졌던 문화적 깊이는 르네상스 시대의 이탈리아인들(르네상스 이전 시기인 중세를 암흑기라 칭하고,

고전의 부흥을 주장했던 인물들. 인문주의에 기초하여 다양한 분야의 예술 작품을 남겼다. ―편집자) 혹은 프랑스의 백과전서파(1751년 디드로, 달랑베르 등 〈백과전서 *L'Encyclopédie*〉의 기고자들을 일컫는 말. 이들은 당시의 진보적 사상을 총동원해 프랑스 혁명의 기틀을 마련했다는 평가를 받는다. ―편집자)와 비견될 만하다. 당시 학자는 곧 사상가였다. 학자는 자기 학문과 전체 문화 사이의 조화를 찾아낼 줄 아는 사람이었다. 그리하여 과학과 철학이 함께 진보했다. 오늘날 이런 협력 관계는 파괴되었다. 물론 현대의 학자들도 많은 것을 알아야만 한다고 여긴다. 무의식적으로나마 협소한 지식이 위험하다고 느끼며 균형을 되찾기 위해 자신에게 익숙한 방법인 '앎'을 동원한다. 이들에게는 문화도 '앎'의 대상이다. 새로운 조류를 '뒤따르며' 책을 읽고 그림을 감상하고 음악을 듣는다. 겉으로 보기에는 필요한 모든 것을 갖추는 셈이지만 정작 내면적인 자기화 과정이 없다. 예술의 도덕적, 영적 측면을 파악해내지 못하며 깊은 성찰 또한 일어나지 않는다. '문화적으로 깨인 사람이 되며 정보로 무장하지만' 그저 그뿐, 이것이 철학적 차원으로 전환되지 못한다.

내가 아는 어느 기술자는 "우리 일은 구체적인 문제를 다루는 데 있습니다."라고 말하곤 한다. 그에게는 인류를 한층 더 강력한 존재로 만들어주는 위대한 전자공학만 있으면 충분하다. 초소형이지만 성능은 매우 뛰어난 램프만으로도 더할 나위 없이 감격스러운 것이다.

"문화니 사회니 하는 일반적인 주제에 대한 고민이 꼭 필요한 것은 아닙니다. 그건 우리 같은 기술자들의 의무가 아니지요. 대체 그런 것이 누구한테 필요할지 모르겠군요. 더군다나 ······." 갑자기 목소리에 시름이 깃든다. "모든 것에 대해 생각할 수 있다면 물론 좋은 일이지요. 하지만 그럴 시간이 어디 있습니까? 어떻게 그게 가능했는지 모르겠군요. 물론 여건이 되기만 한다면야 연구실에 틀어박혀 생각만 할 수는 있겠지만."

류비셰프도 베클레비셰프도 연구실에 틀어박히는 학자는 아니었다. 일상에서 특권을 누리지도, 전쟁 전후 시기가 안겨준 거대한 공포와 불안에서 벗어나지도 못했다. 현실의 고통과 상처는 학자라고 비켜가 주지 않았다. 그럼에도 불구하고 이들의 편지를 읽어보면 그 삶이 불행보다는 성취로 채워져 있음을 깨닫게 된다.

류비셰프는 레닌그라드의 식물보호연구소에서 일하면서 강의도 하고 자문 역할도 했다. 아내를 도와야 했고 대가족을 먹여살려야 하는 의무도 있었다.

······응용곤충학과 함께 앞으로는 곤충분류학과 일반 생물학도 공부해야겠다고 생각했다. 하지만 그럴 시간은 많지 않다. 상점을 다니며 장을 보고 등잔용 석유며 이런저런 것을 사기 위해

줄 서는 데 오랜 시간을 보내야 했던 것이다. 아내도 직장에 나갔기 때문에 집안일을 돕지 않을 수 없었다. 수학 공부는 꽤 많이 했다. 전차나 기차를 타고 오갈 때, 심지어는 회의 시간에도 수학 문제를 푼 덕분이다. 처음에는 주위에서 이를 못마땅하게 생각했지만 수학 문제를 풀고 있다고 해서 회의에 건성으로 참석하는 것은 아니라는 점을 보여주자 나중에는 그러려니 넘어가게 되었다. 기차간에서 나는 철학 책, 특히 칸트의 비판철학을 많이 읽었다. 나는 칸트의 '순수 이성 비판'을 다룬 100쪽 가량의 꽤 두꺼운 논문을 썼다. 하지만 이 원고는 키예프에서 분실되었다.

그의 삶 또한 다른 모든 사람의 일상과 크게 다르지 않았던 것이다. 그 와중에 칸트Immanuel Kant(1724~1804)를 공부할 시간을 냈다는 점만으로도 놀라운데 그저 읽는 데 그치지 않고 한 걸음 더 나아가 내용을 되씹어 자기 것으로 만들었다는 점이 더욱 충격적이다. 칸트의 연구를 주제로 하여 비판적인 논문을 씀으로써 그는 자기 생각을 정리할 수 있었다.

만인이 믿고 따르는 상식도, 모두가 인정하는 권위도 그에게는 절대적이지 못했다. 이론의 권위는 대중적 인기에서 나오는 것이 아니었다. 그는 스스로를 허무주의자라고 불렀다. '어떠한 권위에도 기울지 않고 제아무리 인정받는 원칙이라도 신념으로 삼지 않는 사람'이라는 투르게네프의 정의에 따른 허무주의자였다. 여기에 한 가지만 덧붙이자면 류비셰프의 허무주의는 창조적 허무주의였다. 그의 목적은 타도가 아니라 대안 제시였고 논박이 아니라 자기 확신이었다. 그의 머릿속 깊숙한 곳은 늘 활화산 같은 상태였다. 그는 아무도 진리를 보지 못하는 곳에서 진리를 찾았고 누구나 진리임을 확신하는 것에서 의문을 제기했다. 자연의 본질, 진화의 원칙, 인생의 합목적성 등 이미 오래전부터 아무도 의혹을 품지 않는 부분에서 그는 거침없이 질문을 던졌다.

나아가 실수를 두려워하지 않고 답을 모색했다. 이 점이 특히 주목할 만하다. 그는 학교 교과서에 나오는 답을 정답으로 인정하지 않았다. 이런 특징은 그 혼자만의 것도 아니었다. 그와 편지를 주고받았던 유리 린니크, 이고르 탐, 파벨 스베틀로프, 블라디미르 엔겔가르트 등이 모두 문화적으로나 지적으로나 그에 뒤지지 않는 수준이었던 것이다.

이런 편지들을 읽다 보면 부럽기도 하고 서글프기도 하다. 20세기 초와 혁명기의 찬란한 러시아 문화는 이들 세대를 끝으로 사라져 버릴 운명이었기 때문이다.

11장
학자들의 특성에 대해

레닌그라드 대학(1819년에 설립된 모스크바 대학교와 함께 러시아에서 가장 큰 대학. 특히 자연과학 분야에서 뛰어난 인재들을 배출했다.—편집자)에는 멘델레예프의 생가가 그대로 보존되어 있다. 생가는 뭔가 특별한 느낌을 준다. 그래서 생가를 방문할 때에는 평범한 박물관과는 좀 다른 마음가짐을 가져야 한다. 생가는 '관람하는 곳'이 아니라 '잠시 머무는 곳'이라고 말하고 싶다. 누군가를 기념하는 생가는 시간을 초월한다. 아무것도 변하지 않은 채 시간을 그대로 간직하기 때문이다. 나는 생가 박물관이 과거 생활상의 순간들을 그대로 담고 있다는 면에서 퍽 마음에 든다. 새로운 무언가가 재창조된 것이 아니라 예전의 시간들이 그대로 남아 있는 것이다. 대학 안에 있는 정원과 현관에서 들리던 소음, 창문 밑에 있던 나무들, 그 당시의 가구와 서적들 등이 고스란히 보존되어 있다.

박물관에 진열된 모든 물건들이 이미 생명력을 잃었다고 생각할지 모르지만 사실 이 오래된 물건들은 새 생명을 얻어 다시 태어난 셈이다. 박물관을 염두에 두고 보면 죽음이란 끝이 아니고 새로운 삶의 시작이다. 푸시킨과 체호프Anton (Pavlovich) Chekhov(1860~1904, 러시아 사실주의 작가), 네크라소프Nikolay Alekseyevich Nekraso(1821~1878, 러시아 시인 · 잡지 편집인)의 생가도 뭐라 말로 설명할 수 없는 생명력을 지니며 마치 집주인이 살아 돌아온 것과 같은 느낌을 갖게 한다. 누구나 마음속에 각자의 박물관을 지니고 살아간다. 자기 양심의 보관소와 추억을 가지는 것이다. 이미 사라지거나 변해버렸기 십상이니 이는 어쩌면 기억이라고 하는 편이 정확할 것이다.

우리는 어느 사이 잃어버리고 말았다.
손수 기록하고 정리하고 분류하는 일의 진정한 즐거움을…

나는 유명한 사람들의 생가뿐만 아니라 일반 사람들의 집 모습도 함께 보존해야 한다고 생각한다. 어려웠던 지난 1930~1940년대에 여러 세대가 함께 살았던 공동 주택, 석탄 램프가 놓여 있고 그 옆에 식탁이 들어선 좁은 공동 부엌이 지금까지도 보존되어 있다면 얼마나 좋을까. 벽에는 공공장소 청소 분담표가 붙어 있고 복도와 방마다 난로가 놓였으며 그 옆 주름 잡힌 철통에 장작이 수북이 쌓인 장면. 바로 이것이 내 기억 속에서 지워지지 않는 그 당시의 모습이다. 우리의 부모님과 나는 이렇게 살았다.

멘델례예프의 서재는 그가 생전에 사용했던 모습 그대로 보존되어 있다. 책상과 책꽂이, 선반, 소파, 그리고 책 목록이 들어 있는 서랍장……. 바로 그 서랍장이 나의 관심을 끌었다. 서랍장 속에 있는 책 목록은 멘델례예프가 손수 쓴 것이었다. 잡지와 기사의 제목, 책 제목, 장서 제목 등이 깔끔하게 기록되어 있고 목록 상단에는 번호가 매겨져 있었다. 또한 목록에 대한 설명서도 따로 작성되어 있었다. 멘델례예프는 1만 6,000여 권에 해당하는 서적을 직접 분류하고 정리했다. 그뿐 아니라 다양한 잡지에서 찾아낸 유익한 기사나 논문들을 따로 스크랩하여 나름의 원칙과 방법에 따라 분류하여 보관했다. 알다시피 책이라는 것은, 특히 스크랩한 자료는 제대로 분류하여 보관하지 않으면 잊히거나 분실되게 마련이다.

이미 그때에는 멘델례예프가 소장한 방대한 학술 서적 관리가 쉬운 일이 아니었다. 그는 수천 장에 달하는 목록 카드를 작성하여 하나의 파일로 묶었다. 그 파일에는 형형색색의 펜으로 밑줄이 그어져 있었다. 나는 이 일이 반드시 필요했다고 말하고 싶다. 필요하면 무엇이든 만들게 되는 법이지 않은가. 멘델레예프는 필요에 의해서 어쩔 수 없이 많은 시간을 들여 이 작업을 했던 것이다.

다른 서랍에는 또 다른 목록 카드가 들어 있었다. 석판 인쇄물과 그림, 복사본 등의 목록이었다. 사실상 이는 굳이 할 필요가 없는 작업이었을 텐데도 불구하고 멘델레예프는 수천 개의 제목을 손수 쓰고 자신만의 방법과 기준을 가지고 분류하고 정리해두었다.

나는 멘델레예프의 사진 앨범도 구경했다. 그는 가는 곳마다 사진을 찍었다. 앨범 또한 일종의 기록이었다. 영국 여행에 대한 앨범에는 초청장과 오찬 메뉴, 엽서 등이 함께 들어 있다. 받은 편지들도 나름의 방법대로 분류하여 체계화했고, 일기장, 가계부, 수첩 등은 또 다른 원칙에 따라 정리되었다. 가계부 같은 경우를 보더라도 매일매일의 수입 지출 목록을 기록하면서 단 한푼도 놓치지 않았다. 만약 내가 이런 자료들을 사진이나 사본으로 보았더라면 분명 그를 구두쇠나 속 좁은 인간이라고 생각했을 것이다. 위대한 인물이 가졌던 약점이라 여겼을지도 모른다.

하지만 나는 그가 손수 쓴 실제 자료들을 보았다. 그것은 강력하고 마법적인 힘을 가지고 있었다. 뭔가를 증명하고 발견하려는 멘델레예프의 마음이 명백히 전해지는 듯했다.

서류 위의 글씨, 잉크 자국 등을 통해 나는 그의 온기와 감정을 고스란히 느낄 수 있었다. 박물관에 보관된 멘델레예프의 펜은 주인의 생각을 펼쳐보이기 위해 종이 위에서 부드럽게 미끄러져 갔을 것이다. 나는 그의 노력과 글에 대해 무한한 애정을 느꼈다. 그리고 류비셰프의 글이 떠올랐다.

> ……나는 고골리의 소설 주인공인 아카키 아카키예비치와 비슷하다. 그는 자신의 직업인 문서 정서를 매우 좋아했는데 나도 학문 연구 도중에 틈틈이 알게 되는 새로운 정보들을 베껴 쓰는 일을 좋아한다…….

멘델레예프도 류비셰프와 마찬가지로 기쁜 마음으로 이런 일을 즐겼던 것 같다. 나는 류비셰프를 통해서 체계화 작업에 대한 애정이 어떻게 다른 열정으로 승화하는지 알 수 있었다. 그리고 매우 섬세하고 체계적으로 서적 목록과 가계부를 작성했던 멘델레예프의 습관이 약점이 아니었다는 사실을 깨달았다. 멘델레예프는 워낙 분류하고 체계화하는 작업을 좋아했기에 무엇을 보더라도 서로 간의 차이점과 유사점을 찾으려 했던 것이다. 일반 사람들이 흔히 시간 낭비라고 생각하는, 베끼고 깨끗이 정리하여 기록하는 일은 사실상 하나의 창조적 활동이었던 것이다.

모든 것을 분류하고 체계화하기를 즐기던 과학자 멘델레예프.
그의 이런 성격이 원소주기율표를 만들도록 추동했다.

나는 멘델레예프의 서재에 혼자 앉아서 곰곰이 생각에 잠겼다. 컴퓨터가 생겨남으로써 인간은 베끼고 기록하는 일에서 '벗어나게' 되었지만 또 다른 한편으로 보면 '하지 못하게' 되어버렸다. 그럼에도 나는 이런 작업이 때로는 필요하다고 생각한다. 언젠가 우리가 정말로 이 작업을 하지 못하게 될 즈음에는 분명히 아쉬움을 느끼게 될 것이다.

고개를 들어보니 오래된 가구들이 내 주위를 둘러싸고 있었다. 몇 세대에 걸쳐 사용되었던 튼튼한 가구들……. 물건은 추억을 담고 있다. 기계가 아닌 사람이 직접 만든 오래된 물건은 더더욱 그러하다. 한창 순수했던 어린 시절에 나는 물건이 살아 있다고 느꼈었다. 나무로 만든 물건을 매만지다 보면 페인트와 래커 너머로 나무의 살아 있는 근육과 힘줄을 생생히 느꼈던 것이다. 나는 멘델레예프의 서재에서 몇 시간을 보내면서 그의 오래된 책과 물건들에 둘러싸인 채 많은 것을 생각하였다.

멘델레예프는 체계화에 대한 열의를 바탕으로 사물을 바라보고 사고했다. 그 열의는 지식을 바라보는 눈이었던 셈이다. 이렇듯 독특한 성격 덕분에 '원소주기율표(원소의 일정한 순서에 따라 화학적 성질이 변한다는 법칙에 따라 멘델레예프가 만든 표. 당시보다 오늘날 그 중요성이 더욱 부각되고 있다—편집자)'를 만들 수 있었던 것이다. 그의 발견은 모두 이러한 성격과 습관, 열정에 힘입은 것이었다.

세상 모든 것에 존재하는 체계를
새롭게 분석해서 이해하고 싶었던 사람

자료를 정리하고 분류하여 체계화하는 작업을 통해 학자들은 만족감과 기쁨을 느낀다. 설사 그 자료가 그다지 중요하지 않은 복사본 목록이라 하더라도 작업 자체가 이미 기쁨을 주는 것이다. 어떤 일에 기쁨을 느낄 수 있다는 것은 얼마나 중요한가!

류비셰프도 바로 이런 즐거움을 추구하는 학자였다. 혼란 속에서 질서를 찾는 것, 각 대상 간에 존재하는 연결고리를 찾아서 이어주고 그 안에서 규칙에 맞게 분류하는 것을 좋아하는 평범한 학자였던 것이다.

더욱이 체계적인 분류는 류비셰프가 매달렸던 주요 학문이었다. 이것은 태양계와도 관련이 있었고, 원소 체계나 방정식 체계, 식물 체계, 혈관 체계 등과도 연결되었다. 어디에나 체계가 있었기 때문에 류비셰프는 항상 습관적으로 눈에 띄는 무엇이든지 체계화시키려 했다. 분류학은 그의 천직이었다. 이를 바탕으로 그는 철학과 역사를 공부해나갔다.

류비셰프는 스웨덴의 식물학자 린네Carl von Linne(1707~1778)와 같이 되고 싶어했다. 린네가 식물의 체계를 밝혔던 것처럼 자연 속에 있는 모든 종류의 체계를 밝혀내고 싶었던 것이다. 그가 1918년에 쓴 글을 보면 매일 새로운 사물이나 사고를 분류해

나갔다는 것을 알 수 있다. 심지어 어리석음에 대해서도 분류하였다. 예를 들어 이로운 어리석음과 해로운 어리석음, 발전적인 어리석음 등으로 말이다. 또한 대학교 교칙이 비체계적이라고 비판하면서 즉석에서 새로운 규칙 체계를 만들기도 했다.

그의 생활은 항상 체계적으로 설계되었다. 자료 보관, 편지 보관, 곤충 사진 보관 등 모든 활동이 마찬가지였다.

류비셰프가 만났던 수많은 사람들의 이름과 그를 지나쳐 갔던 날짜, 숫자, 정보들은 모두 다 체계적으로 분류되어 그의 머릿속에 각인되었다. 적어도 나에게는 그렇게 여겨졌다. 왜냐하면 그는 항상 필요할 때마다 수첩에 적어놓은 기록을 읽듯이 머릿속의 기억들을 끄집어냈기 때문이다. 생물분류학에서 차이점 분석을 최초로 시도한 것은 바로 그였다. 나는 그가 수학으로 분류학을 무장시켰다고 말하고 싶다. 생물분류를 하면서 그는 기쁨을 느꼈을 뿐만 아니라 자연의 완벽함과 복잡함 때문에 많은 아쉬움과 어려움을 겪었다.

곤충의 다양성을 분류함에 있어서도 그는 힘들다기보다는 매우 즐겁고 놀랍다고 생각했다. 그것은 과학자들이 새로운 발명을 할 때 느끼는 즐거움과 놀라움 같은 것이었으리라. 그는 곤충 내부 조직의 참된 질서가 무엇인지 찾고자 노력했지만 이것이 결코 쉬운 일이 아니라는 사실도 이미 잘 알고 있었다.

······아마도 대부분의 사람들은 조류나 포유류, 식물 등에 대한 분류가 어느 정도는 이미 완성되었다고 생각할 것이다. 하지만 카를 폰 베어(1792~1876, 러시아의 생물학자이자 발생학자. 지리학과 기상학에도 조예가 깊었으며, 러시아 곤충학회 초대 회장이었다. ─편집자)는 "학문에 대한 열정은 끝이 없고 학문의 크기는 헤아릴 수 없으며 학문의 목표는 끝내 달성할 수가 없다."라고 말했다.

솔직히 나도 대부분의 사람들처럼 곤충 분류가 대부분 완성되었다고 생각했었다. 그리고 곤충 분류를 취미 이상으로 보지 않았다. 솔직히 다 큰 어른이 나비 같은 곤충을 다양하게 채집하는 것을 과연 학문이라 할 수 있겠는가! 손톱의 몇 분의 1에 불과한 작은 벌레를 채집해서 핀으로 꽂아 고정시키는 사람들······. 이들은 쥘 베른Jules Verne(1828~1905, 현대 공상과학소설의 기틀을 다진 프랑스 소설가. ─편집자)의 소설에 나오는 주인공들처럼 괴이한 존재로 여겨졌다. 하지만 분류학은 오늘날 수학적 사고와 컴퓨터가 함께 접목되어 매우 복잡하며 그만큼 유용한 학문이 되었다. 데이터 산업의 발전과 함께 새로운 수학적 분석 이론이 계속해서 분류학에 응용되고 있다.

"사람들은 곤충학자들을 바보라고 부른다네.

어쩌면 그게 더 다행스럽지.

아무 거리낌없이 험하고 더러운 곳에 갈 수 있거든."

나비나 잠자리채 같은 것들은 기분 전환을 위한 심심풀이 수단 정도로 여겨지기 일쑤다. 하지만 수십년 동안 오로지 나비 날개의 문양만 연구한 사람도 있었다. 이런 얘기를 들으면 흔히 우리는 그가 세상에 아무 도움도 되지 않는 학문에 몰두했다고 생각하곤 한다. 하지만 류비셰프의 동료 학자인 보리스 시반비치의 경우를 보면 어떤 생각이 들까! 그는 나비 날개 문양 연구를 통해서 기하학적인 도형을 찾아냈고 색깔의 조화를 발견해냈다. 또한 형태학과 진화론의 문제와 관련해서 많은 해답을 찾아냈다. 그는 마치 문자를 읽듯이 문양을 해독할 수 있었다.

신기하게도 자연의 법칙은 지극히 작은 것에서 드러나곤 한다. 나비 날개의 문양은 아무런 의미도 없이 그냥 생겨난 것이 아니다. 그것은 아직까지도 비밀로 남아 있는 자연의 무수한 아름다움 중 한 부분이다. 소라 껍데기나 물고기의 아름다움, 꽃의 향기를 무엇으로 설명할 수 있는가? 도대체 누구에게 이토록 놀랍고도 완벽한 색의 조화가 필요했단 말인가? 자연은 어떻게 나비 날개에 이토록 아름다운 문양을 그려넣었던 것일까?

웬만한 용기를 가지지 않고서는 남이 보기에 그다지 중요하지 않은 일에 몰두하기가 쉽지 않다. 그 일에 대한 특별한 애정도 필요하다. 물론 어떤 학자든 자신이 몰두하는 학문에 가장 큰 애정을 가진다. 특히나 그 학문이 아름다움을 지니고 있다면 더더욱 그러할 것이다. 하지만 별이나 나비, 구름, 광물 등 흔히 아름답다고 여겨지는 대상에 대한 연구 외에 전문가들만이 느끼는 아름다운 학문이 있다. 예를 들어서 수학이나 기계학, 광학 등이 바로 그런 학문에 속한다.

어떤 학자들은 일반 사람들과 전혀 다른 관점에서 자신의 연구 대상을 바라보기도 한다. 언젠가 유명한 세포학자 블라디미르 알렉산드로프가 나에게 세포들이 움직이는 모습을 보여준 적이 있다. 그러면서 그는 환희에 가득 찬 표정으로 세포는 영혼을 가졌다고 말했다. 류비셰프 역시 곤충학자로서 세상에서 가장 도덕적이고 아름다운 학문은 곤충학이라고 주장했었다. 곤충학은 어린아이의 순수함과 본능, 단순함 등을 유지하게 해주고 작은 것에도 놀라고 감동하는 성격을 갖게 해준다는 얘기였다. 다른 누구보다도 류비셰프 자신이 그러하였기에 이렇게 확신에 찬 어조로 말할 수 있었으리라.

나이 많은 노인이 되어서까지 주위의 시선에 아랑곳하지 않은 채 곤충 한 마리를 잡기 위해 이리저리 뛰어다닌다는 것은 어린아이 같은 순수함과 학문에 대한 열정 없이는 절대로 불가능하다. 류비셰프는 사람들이 곤충학자들을 바보라고 부르기도 하지만 오히려 그것이 다행이라고 말했다. 왜냐하면 그 덕분에 곤충학자들은 아무 거리낌없이 정말 순진한 바보처럼 제아무리 험하고 더러운 곳이라도 갈 수 있기 때문이다.

사실상 곤충학자들은 모두 이상한 사람들이다. 심지어 정말로 곤충을 사람보다 더 사랑하는 사람들도 더러 있다. 유명한 곤충학자인 카를 린데만은 자신이 사랑하는 대상은 딱 세 가지, 즉 비단벌레와 여자와 도마뱀이라고 했다. 린데만은 고생 끝에 도마뱀을 잡고 나면 키스를 한 뒤 다시 놓아주었다. 류비셰프는 그런 린데만을 보면서 "그는 여자를 대할 때도 마찬가지죠. 키스를 퍼붓고는 놓아주거든요!"라고 우스갯소리를 했다.

나비학자인 시반비치의 비석에는 그가 생전에 가장 좋아했던 나비 날개 문양이 새겨져 있다. 찰스 다윈은 곤충학을 연구하기 시작할 무렵에 '내가 케임브리지 대학에서 배웠던 그 무엇도 딱정벌레 채집만큼 흥미롭지 않았다. 아마 그 어떤 시인도 자신의 처녀작을 보면서 내가 스테펜스의 《영국 곤충집》에서 느꼈던 감동과 만족을 경험하지 못했을 것이다.'라고 쓴 적이 있다.

곤충학에 대한 애정이 얼마나 대단했던지 류비셰프는 자신의 큰 특징이었던 참을성과 공정성, 그리고 유머까지도 순간적으로 잃어버릴 정도였다. 그는 메뚜기를 해충이라고 보론초프 Mikhail Semyonovich Prince Vorontsov(1782~1856, 당대 러시아에 막강한 영향력 끼친 장교이자 정부관리.─편집자)에게 보고했던 푸시킨을 도저히 용서할 수가 없었다. 이 사건의 내막은 이러하다. 어느 날 보론초프는 푸시킨에게 메뚜기 연구를 위해 출장을 가라고 제안했다. 푸시킨은 메뚜기 따위를 조사하라고 출장을 보내는 것은 자신을 무시하는 처사가 분명하다고 생각했다. 그 후부터 푸시킨은 보론초프를 '바보, 멍청이'라고 불렀다고 한다. 다음은 메뚜기에 대한 푸시킨의 짧은 시다.

메뚜기가 펄쩍 펄쩍 뛰었다.
그리고 살짝 앉았다.
한참 앉아 먹어대더니 다시 훌쩍 뛰어갔다.

류비셰프는 이 사건에 대해 다음과 같이 언급했다.

푸시킨이 메뚜기 연구를 위해 출장을 가라는 지시에 대해 화가 날 수도 있다는 점은 충분히 이해한다. 물론 나였다면 그것은 전혀 기분 나쁜 일이 아니었겠지만 말이다. 내가 아는 한 푸시킨의 지위는 당시에 꽤 높은 편이었다. 하지만 전문적인 곤충학자가 아직 없었던 탓에 푸시킨 정도의 생각이 깊고 영리한 사람이면 메뚜기 연구를 잘 해내리라 보론초프는 생각했던 것이다. 더구나 푸시킨에게는 그 출장이 평민들의 생활상을 이해할 수 있는 좋은

기회였다. 그뿐만 아니다. 오데사의 여인들, 특히 보론초프 부인
의 간섭을 받지 않아도 되었을 것이다. 사실 그것은 메뚜기 연구
보다도 훨씬 더 귀찮은 일이었을 테니까 말이다.

류비셰프는 자신의 건강이나 업무 능력이 모두 곤충학 연구
덕분에 얻어진 것이라 믿었다. 곤충을 다루면서 체계적 접근법
을 익혔고 계속 뛰어다니며 움직여야 했을 뿐더러 기계적인 작
업에 익숙해졌기 때문이었다. 더군다나 곤충학은 긴장과 경쟁
에 가득 찬 여타 과학 분야와 달리 매우 안전하고 조용한 영역
이었다. 신다위니즘 지지자들을 상대로 벌였던 논쟁 정도만 예
외로 한다면 말이다.

12장
류비셰프가 치렀던 대가

1930년대에 류비셰프는 소련식물보호연구소에서 일했다. 당시 연구소는 레닌그라드의 엘라긴 섬에 위치한 엘라긴 궁에 있었다. 류비셰프의 연구 주제는 '해충 피해가 가져오는 경제적 손실'이었다. 수학적으로 접근한 결과 류비셰프는 곤충이 미치는 해악이 지나치게 과장되어 있다는 놀라운 결론에 도달했다. 곤충으로 인한 실제 피해는 사람들이 말하는 것보다 훨씬 적었다.

그가 깃노랑줄들명나방argaritia sticticalis 피해지라고 보고된 폴타브시나의 경작지를 찾았을 때였다. 겉모습은 참혹했다. 사탕수수는 전혀 보이지 않고 사방에 명아주만 무성했다. 하지만 명아주 풀숲을 헤치자 키는 작아도 건강한 사탕수수 어린 줄기들이 나타났다. 나방은 그리 큰 피해를 입히지 않았던 것이다. 협동 농장 관리자들은 분명 나방이 사탕수수를 마구잡이로 먹어치웠으며 어린 줄기들은 살충제를 뿌린 덕분에 그나마 건진 것이라 설명했다. 이미 나방이 한 마리도 남지 않은 상황이었기 때문에 류비셰프는 그들의 주장을 반박할 수 없었다.

하지만 바로 다음날 협동 농장 한편에서 류비셰프는 쑥쑥 잘 자라난 사탕수수를 발견했다. 그곳은 농민들이 각자 맡아 경작하는 밭이었다. 나방 피해를 입은 흔적은 전혀 없었다. 모든 것이 분명해졌다. 결국 관리자들은 나방이 사탕수수 농사에 피해를 준 것이 아니라 일꾼들이 협동 농장의 밭을 제대로 돌보지 않았을 뿐이라는 점을 인정했다.

그리고 우크라이나 북부를 비롯하여 여러 지역을 조사한 결과 류비셰프는 깃노랑줄들명나방이 실질적으로 아무런 해도 끼치지 않는다는 것을 밝혀냈다. 카프카스 북부에서 피해가 보고되었을 때도 류비셰프는 현장으로 달려가 면밀한 조사를 진행했다. 직접적인 곤충 피해의 증거는 없었다. 결국 이는 당연히 피해를 입었으리라 지레 짐작한 사람들의 과잉 반응이었던 것으로 밝혀졌다.

이렇게 그는 문제가 발생했다는 곳마다 찾아다녔다. 로스토프(러시아 연방 남서부에 있는 주.―편집자)에 있을 때 근처 어느 국영 농장에서 해바라기가 모두 죽어버렸다는 소식이 들려왔다. 달려가 확인해보니 농장에는 애당초 해바라기를 심은 일조

류비셰프는 허위로 보고되기 일쑤인 해충 피해의 실
체를 파헤치기 위해 러시아 남부 전역을 홀로 누볐다.

차 없었다. 그는 들다람쥐로 인한 피해 정도를 규명하기 위해 지모브니키에도 갔고 나무의 갈색 반점 병을 연구하는 과정에서 아제르바이잔(소련을 구성했던 15개 국가 중 하나이며 현재는 독립국가연합에 속해 있다. 카프카스 산맥의 남동부에 위치한다. ─편집자) 각지를 돌았는가 하면 게오르기에프스키에 머물며 사과나무 양묘법 개발에 매달리기도 했다. 아르마비르, 크라스노다르, 탈로바야, 아스트라한, 부데노프스크, 크림 반도 등 러시아 남부 전역을 돌았다고 해도 과언이 아니었다.

해충, 특히 곡물에 피해를 입히는 해충은 전체 작물의 10% 이상을 망친다는 것이 기존의 견해였다. 하지만 류비셰프는 그 수치를 받아들일 수 없었다. 각지를 다니며 조사를 거듭하고 미국의 자료를 분석한 결과 이는 2% 정도에 불과했다. 그는 연구 보고서에서 이 점을 분명히 밝혔다. 또한 해충이 밀과 보리의 수확을 항상 감소시키는 것은 아니라는 견해를 피력했다. 류비셰프는 이후 3년 동안 자신의 관찰 결과를 확인한 후 논문을 발표했다. 그는 연구소 내 농작물 해충 박멸 부서의 활동이 효율적이지 못하며 여기서 한 걸음 더 나아가 아예 그런 부서 자체가 필요 없다는 결론을 내리고야 말았다.

그런 부서가 필요하든 필요하지 않든, 그건 류비셰프가 걱정할 문제가 아니었다고 말할 수도 있다. 그저 곤충에 관한 연구를 종합하여 결론을 내리고 논문을 써서 발표하면 학자로서의 의무는 다한 것이 아닐까? 그 부서의 존재, 나아가 온갖 종류의 해충 박멸에 얼마나 많은 이들의 다양한 이해 관계가 얽혀 있는지 그는 정녕 몰랐던 것일까?

해충을 옹호하는 자, 사회의 해충이나 다름없다

그도 분명 알고 있었으리라. 수많은 마을과 농장을 찾아다니던 중에 무엇이든 핑곗거리를 찾아 책임을 면하려는 불성실한 관리자들을 여러 차례 만났던 것이다. 알고 있었기에 그토록 철저히 논쟁에 대비했던 것이다. 새로운 방식으로 통계를 내고 농촌 곤충학의 역할을 명확히 규정하면서 말이다. 그리하여 그는 온갖 수치와 자료를 동원해 경제에 미치는 해충의 부정적인 영향이 얼마나 엉터리로 이해되어 왔는지 증명해냈다.

'엉터리'라는 것은 류비셰프 자신이 선택했던 단어다. 이 논문이 겨냥하는 대상이 확고한 명성과 지위를 누리는 이들이라는 점을 고려한다면 좀더 완곡한 표현이 좋았을 테지만 말이다. 당시에는 해충이 피해 지역 전체에 고르게 퍼지는 것으로 여겨졌다. 결국 방제 작업은 거대한 곡물 경작지 전체에 대해 이루어져야 했다. 이는 노동력으로 보나 화학 기술로 보나 당시로서는 도저히 불가능한 일이었다. 하지만 류비셰프는 곡물에 피해를 입히는 해충이 경작지의 특정 부분에만 집중된다는 점을 밝혀 냈다. 이로써 해충 구제가 가능해지고 수백만 루블을 절약하게 된 셈이었다.

하지만 해충 박멸 부서의 책임자들은 절약에는 관심이 없었 다. 그저 자신들이 받은 상처와 모욕을 되갚는 것만이 중요했 다. 1937년 소련식물보호연구소 학술위원회에서 역사적인 회 의가 열렸다. 무려 다섯 시간 동안이나 류비셰프의 연구가 도마 위에 올랐다. 하지만 이런 회의가 종종 그렇듯 그때에도 논의 대상은 학문적인 문제가 아닌 류비셰프 개인의 성향이었다. 그 가 해충 박멸을 막기 위해 체계적으로, 그리고 거의 의도적으로 해충의 위험을 축소했다는 주장이었다. 생기론을 옹호하는 위 험한 인물이라는 비판도 나왔다. 스탈린이 통치하던 당시 소련 에서는 이러한 비판이 대단한 위력을 발휘했다. 더욱이 '해충'이 란 말에는 소련 공산주의 발전에 장애가 되는 인물이라는 사회 적 의미도 숨어 있었다. 해충을 옹호하는 사람은 곧 해충과 같 은 편인 셈이었다.

류비셰프가 전혀 잘못을 뉘우치지 않는다는 점도 불리하게 작용했다. 그는 진술서 말미에 최근 몇 년 동안 자신의 견해가 수정되었다는 점은 인정했지만 단 한 번도 강압에 의해 굴복한 적이 없음을 분명히 했다. 그에게는 늘 증거가 필요했다. 그를 움직일 수 있는 것은 확실한 증거뿐이었다. 학술위원회는 류비셰프의 학문적 시각이 그릇되었다는 결론을 내린 후 최고자격심사위원회에 그의 박사 학위를 박탈해 달라는 신청서를 제출했다. 이 결정이 만장일치로 받아들여졌을 때조차 류비셰프는 전혀 동요하지 않았다. 학문의 세계에서는 아무것도 표결로 결정할 수 없다고 믿었기 때문이었다. 학문은 의회가 아니며 다수의 의견이 틀린 것으로 밝혀지는 경우도 흔하기 때문이다.

그가 현실을 도외시했다고 말할 수는 없다. 학술위원회의 결정에 따라 그야말로 '콩밥 먹는' 신세가 될 수도 있는 상황이라고 자신의 입으로 말하기도 했다. 하지만 그럼에도 불구하고 그는 다른 식으로는 행동할 수가 없었다. 왜였을까? 냉철하게 상황을 판단했다면, 자신의 학문이나 삶에 대해 심사숙고했다면 도저히 나올 수 없는 행동이었다. 자신을 희생하자면 무언가 목적이 있어야 한다. 하지만 그가 체포되어 사회의 해충이자 인민의 적으로 간주되는 것이 대체 누구에게 어떤 이익을 가져다 줄 수 있다는 말인가. 류비셰프의 행동은 분명 이성적 판단에 의한 것으로는 보이지 않는다.

그저 우직하고 굳건하게, 그는 자신의 입장을 견지했다. 그토록 찬양해 마지않던 이성적 사고까지 거스르면서 말이다. 그것은 이성이나 논리로는 설명되지 않는 그 어떤 경지, 이해하거나 설명할 수 없는 정신적인 힘의 작용이었다. 그는 바로 '그곳에 발을 내디뎠고 다른 식으로는 행동할 수 없었던' 것이다.

류비셰프의 박사 학위 박탈 건이 심의되는 와중에 갑자기 모든 상황을 뒤바꾸는 사건이 일어났다. 연구소장이 체포된 것이다. 그가 저지른 여러 비리 중에는 연구소 인력을 무단 해고한 일도 포함되어 있었다. 결국 류비셰프는 누명을 벗었고 최고자격심사위원회는 류비셰프의 학위를 인정한다는 결정을 내렸다.

10여 년이 흐른 1948년, 소련 레닌농업과학원 정례회의에서 다시 한 번 비슷한 사건이 벌어졌다.

신기하게도 늘 그를 구해주었던 것은 자신의 견해를 거침없이 털어놓는 솔직한 태도였다. 그는 당시 연극이나 영화에 자주 등장하던 나이 많은 교수와 꼭 닮은 모습이었다. 청소부 아주머니나 나이 어린 손녀딸로부터 걸핏하면 잔소리를 듣고 핀잔을 당하게 마련인 세상 물정 어두운 교수 말이다.

언젠가 젊은 학자 한 사람이 류비셰프의 평온하고 정돈된 인생이 부럽다고 말한 적이 있었다. 그러자 류비셰프는 늘 하던 방식대로 자신이 겪었던 불운을 목록으로 만들어 보여주었다.

5세 때 나무를 타다 떨어져 팔이 부러짐.

8세 때 널빤지에 다리가 깔렸음.

14세 때 곤충 표본을 만들다가 손을 베어 파상풍에 감염되었음.

20세 때 급성 맹장염을 앓음.

1918년에 폐결핵에 걸림.

1920년에 폐렴을 앓음.

1922년에 발진티푸스에 걸림.

1925년에 극심한 신경 쇠약에 시달림.

1930년에 이념 논쟁에 휘말려 체포 위기를 겪음.

1937년에 레닌그라드에서 박사 학위를 박탈당할 뻔함.

1939년에 수영장에서 다이빙을 잘못하여 중이염에 걸림.

1946년에 비행기 사고를 당함.

1964년에 얼음판에 넘어져 뒤통수를 심하게 부딪침.

1970년에 다리가 부러짐······.

이밖에도 수많은 불운이 있었다. 그는 '불운에 휘말리는 재주'가 대단했다. 달갑지 않은 상황이나 위험한 논쟁, 미끄러운 길 등을 피할 줄 몰랐기 때문이다. 그리고 일단 넘어졌다 하면 커다란 상처를 입고야 말았다.

13장
류비셰프의 마음속 갈등들

류비셰프는 종종 자신의 시간통계 결산을 친구들에게 보내주곤 하였다. 친구들은 그것을 '연간 통지서'라고 불렀다. 물론 류비셰프는 결산 원본의 전체가 아닌 일부분만 간추려서 보냈다. 시간통계 결산 원본은 다른 자료들과 함께 잘 보관했다. '연간 통지서'는 류비셰프에 대해 궁금해 하는 친구들을 위해 편지 형식으로 전해졌다. 그가 무슨 일을 했고, 어떤 연구를 했고, 건강상태는 어떤지 등에 대해서 말이다.

······ 1월 달에는 얼음판에서 미끄러져 뒤통수를 세게 부딪쳤다네. 생전 처음으로 '기억 상실'이 무엇인지 경험했지. 의식을 잃은 것은 아니었는데 넘어지기 전에 내가 친구 집으로 가던 중이었다

는 사실을 완전히 잊어버린 거야. 다행히도 다친 곳은 없었고 오히려 새로운 경험을 했기에 나에게 도움이 되었지. 그리고 문득 필라레트Philaret(1783~ 1867. 러시아 정교회 모스크바 대주교. — 편집자) 대주교 이야기가 생각나더군. 그는 어렸을 때 머리가 아둔한 목동이었다고 해. 그런데 어느 날 이마를 세게 부딪치는 바람에 대주교가 될 만큼 영리해졌다는 거야. 그가 철저한 반동주의자일 수밖에 없었던 이유는 뒤통수가 아닌 이마를 부딪쳤기 때문이지. 이마를 부딪침으로써 한 걸음 뒤로 물러서려는 성향을 가지게 된 것이거든. 반대로 뒤통수를 세게 맞으면(이것은 오래 전부터 우리 러시아에서 사용된 교육 방법이라네) 앞으로 한 발 전진하게 된다네. 우리 러시아의 선조들은 늘 그렇게 전진해왔지. 그나저나 나는 이번에 뒤통수를 때린다, 혹은 부딪친다는 것의 이론과 실제를 알게 되었어. 그리고 앞으로는 나 스스로에게나 다른 사람에게나 이 방법을 쓰지 않겠다고 다짐했다네.

그나저나 그의 자료 보관함에 차곡차곡 쌓여 있는 시간통계 결산은 도대체 누구를 위한 것이었을까? 단지 과거를 되돌아보기 위해서라면 자신이 읽은 도서 제목과 편지, 보낸 사람들의 주소지, 감상했던 오페라의 제목 등을 굳이 이렇게까지 상세하게 기록할 필요가 있었을까? 일년 간 책은 몇 권을 읽었고 몇 쪽을 몇 시간 동안 읽었다는 정도의 간단한 숫자와 감상문만으로도 충분했을 것이다. 하지만 류비셰프의 결산을 읽다 보면 흡사 누군가에게 보고하는 것 같다는 느낌을 받는다. 그렇다면 자신에게 보고했다는 것인가? 스스로에게 자신의 과거 생활을 보고한다고 말하면 문학적으로는 멋있게 들릴지 모른다. 그렇지만 솔직히 비현실적이다. 자신에게 보고를 한다고? 그러자면 자신의 정신을 두 갈래로 분열시켜야 한다. 하나의 나는 보고를 하고 또 다른 나는 그 보고를 듣고 결론을 내린다. 너무 우스꽝스럽지 않은가?

하지만 내 생각에 류비셰프는 전혀 그런 쪽이 아니었다. 그의 시간통계 결산은 분석을 위한 것이었다. 흔히 사람들이 나이를 먹으면 그렇게 되듯 류비셰프도 해가 지날수록 시간의 소중함을 더 깊이 깨달았으며 시간통계 방법을 통해 시간의 가치와 소중함을 한층 더 절실히 느끼게 되었다.

류비셰프와 친한 사람들은 그의 이런 특징에 대해 잘 알고 있었다. 류비셰프의 오랜 친구인 파벨 스베틀로프는 다음과 같이 말했다.

"류비셰프에게 있어서 시간은 그의 소유물이 아닙니다. 그 시간은 류비셰프가 학문을 연구하고 일을 하도록 주어진 것입니다. 그러므로 류비셰프는 학문을 연구해야만 하는 사명감을 느끼고 있었고 바로 그것이 그의 인생에 있어서 가장 큰 기쁨이었습니다. 그는 자신의 사명을 수행하면서 1분 1초까지도 철저히 계산하여 최대한 시간을 아꼈습니다."

결국 류비셰프는 자신에게 '주어진' 시간을 계산한 셈이다. 그렇다면 시간을 준 것은 대체 누구인가? 이 문제에 답하자면 그의 삶의 철학까지 살펴보아야 한다. 삶의 목표와 의의, 인생관에 대해서 말이다. 하지만 나는 이런 주제를 다룰 생각이 전혀 없으며 아는 바도 없다.

다만 분명한 점은 이 시간통계 방법이 단순한 시간의 수입 지출 기록을 넘어, 시간 앞에서 자신을 철저히 분석하기 위한 방법이라는 사실이다. 류비셰프 역시 삶을 경건하게 여겼지만 그것은 알베르트 슈바이처가 말한 삶에 대한 경건함과는 조금 달랐다. 류비셰프에게는 삶이 곧 시간이었기에, 시간에 대한 경건함을 가지고 임했던 것이다. 그의 시간통계 방법은 시간 앞에서 일종의 책임감을 가지기 위한 도구였다. 여기서 시간이란 인간과 민족, 역사 등을 포괄한 의미였다. 류비셰프는 단 한 번도 30분을 짧은 시간이라 생각한 적이 없었다. 그렇게 꾸준하고도 철저하게 시간통계 방법을 지킨 덕분에 엄청난 일을 해낼 수 있었다.

주어진 시간 앞에 책임을 다한다는 것

그의 두뇌는 한마디로 표현하자면 이론과 사상, 그리고 비판을 끊임없이 생산해냈던 최고 품질의 기계였다. 이 기계는 어떤 상황에서도 굴하지 않고 늘 새로운 것을 창조하며 질문을 제기했다. 또한 미리 세워진 계획에 따라 생물학 연구를 정확히 수행했으며 1916년부터 죽을 때까지 단 한 번도 고장이 나지 않은 채 잘 작동했다.

하지만 그는 가슴이 메마른 로봇은 아니었다. 슬플 때는 눈물을 흘렸으며 바보 같은 실수를 저지르기도 했다. '나는 사람을 기계로 보는 것이 일종의 맹목적인 믿음이라고 생각한다. 마치 점성술처럼 말이다'라는 글도 남겼다. 여기서 점성술을 예로 든 것은 우연이 아니다. 그 당시에는 별자리가 사람의 운명을 결정짓는다고 믿는 사람이 많았던 것이다.

류비셰프는 직접 자신의 운명을 결정했다. 아니, 무슨 연구를 어떻게 하며 살아갈지 미리 결정했다고 하는 편이 정확하겠다. 이를 가능케 한 것이 바로 시간통계 방법이었다. 목표를 달성하기 위해 모든 것이 계획되었다. 그는 미리 계획하고 계산한 뒤 수입과 지출 두 갈래로 나누어 시간을 할당했다. 그렇기 때문에 그는 목표를 향해 얼마나 전진하였는지에 대해서도 기록하고 계산하여 스스로에게 보고하지 않으면 안 되었다.

그럼에도 불구하고 그가 가는 길은 종잡을 수 없었다. 옆길로 새는 경우도 많았다. 아무 이유도 없이 자신이 하던 일을 중단하고 오랫동안 다른 일에 몰두한 적도 있었다. 다만 어떤 일이든 한 번 시작하면 끝을 보았기 때문에 산만하다고는 말할 수 없을 것 같다. 물론 끝을 본 일들이 그의 주된 연구 방향과 전혀 상관없어 보이는 경우도 적지 않았다.

1953년에 그는 아무 이유도 없이 갑자기 〈생물학계를 지배하는 리센코Trofim Denisovich Lysenko(1898~1976, 러시아 생물학자·농학자.—편집자)의 이론에 대하여〉라는 글을 쓰기 시작했다. 그리고 몇 쪽에 불과하던 짧은 글을 결국에는 700쪽이나 되는 엄청난 논문으로 발전시켰다.

1969년에도 느닷없이 〈과학사의 교훈〉이라는 제목의 글을 썼다. 또 자기 아버지에 대한 회상록도 쓰고 문학 전문지에 글을 싣기도 하였다. 〈로이드 조지David Lloyd George(1863~1945, 1916년부터 1922까지 영국 총리를 지냈음.—편집자) 회상록을 평함〉이라는 서평, 낙태를 주제로 한 논문, 〈쇼펜하우어Arthur Schopenhauer의 격언에 대하여〉라는 소논문도 썼다. 급기야 〈세계사에 있어서 시라쿠사 전투가 가지는 의의에 대해〉라는 글까지 쓰여졌다. 시라쿠사가 대체 그와 무슨 상관이란 말인가? 갑자기 그런 글을 쓴 동기가 무엇이었을까? 물론 유명한 역사가들이 조언을 구하거나 자신의 책에 대한 평론을 부탁할 만큼 류비셰프가 역사에 조예가 깊은 것은 사실이었다. 고대사 전문가라고 해도 손색이 없을 정도였다. 하지만 실제로 역사가들이 류비셰프에게 주목했던 이유는 그가 전문가 수준의 지식을 갖추었을 뿐 아니라 나름의 독특한 관점으로 역사를 해석할 수 있었기 때문이었다.

시라쿠사에 대한 논문에서 류비셰프는 다음과 같이 쓰고 있다.

> 역사가들은 만약 시라쿠사 전투에서 아테네가 승리했더라면 지배력을 발휘해 모든 그리스인을 연합하고 하나의 커다란 국가를 세웠을 것이라 주장한다. 그 커다란 국가 안에서 그리스 문화가 꽃피었으리라는 것이다.
>
> 나는 지금까지 이런 의견을 아무 비판도 없이 그대로 받아들였다. 아테네는 마치 역사 속의 기적인 양 표현되었다. 작디작은 땅덩어리에서(그 땅은 작은 국가들로 더 잘게 나뉘어졌다) 매우 높은 수준의 문화가 발달했기 때문이다. 지금까지도 많은 사람들이 감탄하는 예술과 문화, 철학, 과학, 그리고 거의 최초라고 말하는 민주주의까지……. 이토록 훌륭한 아테네의 영원한 적은 음험하고도 야만적인 스파르타였다. 그 나라에는 아무런 문화유산도 없었고 다만 자국에 대한 편협한 애국심만이 불타오르고 있었다.

여기까지만 읽으면 류비셰프도 아테네를 옹호하면서 알키비아데스Arcibiades(BC 450경~BC 404, 아테네의 정치·군사 지도자. 총명하지만 자제력이 부족해 아테네를 위험에 빠뜨린 인물이다.—편집자)가 거느린 아테네 민족의 승리를 당연시하는 것 같다. 그러나 그 다음 구절을 보면 전혀 다른 생각이 드러난다.

> 하지만 지금은 몇 가지 이유로 세계사에서 아테네가 담당했던 역
> 할에 대해 완전히 다른 관점을 갖게 되었다.

이어서 그는 자신의 생각이 바뀌게 된 배경에 대해 조리 있게
설명을 해나간다.

이런 글을 보면 그의 전공이 아테네의 역사나 최소한 고대 역
사 정도는 되어야 할 듯하다. 도대체 어떤 책을 읽었기에 세계
사에서 아테네가 담당했던 역할에 대한 자신의 관점을 바꾸게
되었단 말인가? 이런 글을 쓴 사람이 생물학자라는 사실을 믿
을 수 있겠는가? 여기서 말하고 싶은 것은 그가 얼마나 박식하
였는가가 아니다. 다만 생물학자인 그가 도대체 왜 세계사에서
아테네가 담당한 역할에 대해 고심하고 걱정해야 했는지 놀라
울 따름이다.

> 사유의 식욕을 돋우는 맛있는 논리 앞에서는
> 철저하게 계획한 시간통계법마저 무용지물이 되고 말았다.

류비셰프가 세상을 떠난 지금 이러한 질문에 명확히 답해줄
수 있는 사람은 없다. 우리가 직접 그의 편지글과 일기를 읽으

면서 질문에 대한 답을 찾아야만 한다. 나는 류비셰프의 시간통계 결산을 분석하면서 그가 아테네에 관한 주제를 언급할 당시 문명의 발생에 대해 연구하고 있었다는 사실을 알아냈다. 그렇다면 아테네의 역할에 대해서도 고심했을 게 당연하다. 결국 심심풀이로 건드린 주제가 아니었던 것이다. 그가 문명에 대해 연구하게 된 이유는 영국의 유명한 유전학자인 로널드 피셔의 사회적 다위니즘을 반박하기 위해서였다. 로널드 피셔는 생물학을 사회학과 연결시키고자 했고 인류의 진화와 문명의 흥망에 있어서 생물학적이고 유전적인 요인이 가장 중요한 역할을 담당하였다고 주장했다.

류비셰프의 다양한 연구들은 모두 우연하고 엉뚱하게 보이지만 사실은 필요에 의한 것이었고 그의 전공과 연관되어 있었다. 물론 전공 분야와 전혀 상관없어 보이는 연구도 없지는 않았다. 마르파 보레츠카야(15세기 말, 노브고로트 공국을 통치했던 귀족.—옮긴이)와 이반 뇌제(1530~1584, 공포정치로 유명한 러시아 황제.—옮긴이)에 대한 글은 왜 썼던 것일까? 이유를 대라면 못 댈 것도 없다. 그냥 류비셰프가 스스로를 억제하지 못했기 때문이라고 하면 된다. 그는 자신과 전혀 상관없는 일에 관여하기를 좋아했다. 그래서 전공 학문과는 무관한 논쟁에 휘말리는 일도 적지 않았다. 윤리학에서 그의 가설이 무슨 소용이 있단 말인가? 거기에도 전문가들이 넘쳐나는데 말이다. 50쪽이나 되는

〈로이드 조지 회상록을 평함〉을 쓸 필요가 어디에 있었단 말인가? 정말 주제 넘는 행동이지 않은가! 이런 것은 시간이 넘쳐나는 사람들이나 할 법한 일이다.

'의사가 단지 의사이기만 하면 훌륭한 의사가 될 수 없다'라는 옛말이 있다. 학자도 학자이기만 해서는 훌륭한 학자가 될 수 없나 보다. 상상력과 감동이 사라지면 창조력도 상실하게 마련이다. 창조력을 유지하자면 끊임없이 새로운 연구 대상을 찾아야 한다. 그렇지 않으면 학자는 전혀 새로울 것 없는 구태의연한 대상에만 매달리게 된다.

류비셰프도 세월이 흐르면서 점차 다양한 대상에 관심을 갖게 되었다. 그 자신 또한 다른 분야에 대한 흥미가 커져간다는 사실을 달가워만 했던 것은 아니다. 나는 그가 그저 다른 분야에 대한 호기심과 열정을 억누르는 방법을 찾지 못했던 것이라 생각한다. 그의 두뇌는 계속해서 새로운 음식을 요구했다. 지식면에서 보았을 때 그는 엄청난 대식가였다. 사유의 식욕을 돋우는 아주 맛있는 논리 앞에서 그는 자신을 억제하지 못했다. 이런 때에는 그의 시간통계 방법도 제 기능을 하지 못했다. 시간통계 방법은 즉흥적인 연주에 맞춰 움직이는 하나의 악기로 전락해버릴 따름이었다.

그토록 철저히 계산하고 분석했던 시간을 도대체 왜 엉뚱한 곳에 다 써버린단 말인가? 그의 친구와 지인들은 그를 점점 더 자주 책망했다. 그가 생물학 전반에 대한 대작을 쓰기 시작할 때도 과연 그것이 꼭 필요한 일인가 하는 의문이 제기되었다. 류비셰프는 이런 상황에서 다음과 같은 편지를 받기도 했다.

당신의 편지글 속에서 가장 설득력이 있고 중요하다고 생각되었던 것은 침묵을 지키는 것은 병이고 모든 질병의 근원이 침묵이라는 부분이었습니다. 침묵은 남성만이 지니고 있는 멋진 특성입니다. 저는 남자들이 우리 여자들보다 사회적으로 좀더 양심적이라 생각합니다. 남자들은 과학이나 예술 등의 문제에 있어서 자신들의 양심이 시키는 대로 말할 수 없게 되면 고통스러워하고 심지어 목숨을 버리기도 합니다.

……하지만 우리는 사회적 문제보다 학문에 있어서 더욱더 막중한 책임을 가지고 있습니다. 그렇기 때문에 당신은 현미경을 통해 대상을 관찰하고 전공 학문에 관련된 논문을 쓰는 데 좀더 많은 시간을 투자해야 할 것입니다. 우리에게는 두 가지의 책임이 있습니다. 하나는 학문 자체에 대한 책임이고 또 다른 하나는 현재 학문이 처해 있는 상황에 대한 책임입니다. 저는 후자에 대한 책임이 전자보다 크다고 보지 않습니다. 학문에 대한 책임이 가장 우선이라고 생각하는 것입니다. 학문에 대한 책임이란 발견하고 발명하는 것입니다.

친구들의 의견도 이와 비슷했다. 학자란 자신에게 직접적으로 맡겨진 연구를 수행하는 사람이며 현재 상황에 대한 비판은 부차적인 업무에 불과하고 '상황에 대한 비판이나 비평은 정치인에게나 어울리는 일일 뿐 학문적 논쟁은 될 수 없다'는 것이었다. 친구들의 염려는 어쩌면 당연한 일이었다. 그들의 주장 역시 설득력이 있었다. 류비셰프는 모두가 걱정했던 대로 생물학연구소 상층부와 충돌했고 곧 퇴직을 당했다. 물론 나중에는 정당함을 인정받아 복직되었지만 그렇게 되기까지 몇 년 동안 그는 주위 사람들로부터 "그것 봐! 꼭 그래야만 했느냔 말이야!"라는 비난을 받을 수밖에 없었다.

그는 연구소에서 퇴직한 이후에도 자신이 하던 작업을 중단하지 않았다. 왜 그 일이 자신의 직장과 전공 학문 연구보다 더 중요했는지 그는 명확히 설명하지 않았다. 단지 양심이 시켰을 뿐이라고 추정할 수밖에는. 어쩌면 정말로 이성과는 전혀 상관없는 양심이 시켜서 한 일일지도 모르겠다. 하지만 그로 인해 자기 삶의 목적이었던 생물학에서 잠시 손을 떼어야만 했을 때에는 그 양심도 분명 고통당하지 않았을까.

그는 마치 자청해서 전공 학문으로부터 잠시 휴가라도 얻으려는 듯이 행동했다. 도대체 왜 그랬단 말인가? 정의를 위해서 싸운 것일까? 하지만 그것은 그가 할 일이 아니었다. 학자였던 그는 정의를 찾기보다는 진리를 연구해야 했다. 진리는 중요한 것이었고 정의는 필요한 것이었다. 과연 어떻게 해야 할 것인가를 고민하면서 그의 양심은 갈기갈기 찢어졌다. 그는 상황을 분석하고 개입해야 하는 책임감과 자기 삶에 대한 책임감 사이에 끝없는 논쟁과 모순이 존재한다고 느꼈다. 전자의 책임을 다하자면 자신이 가장 좋아하는 일을 뒤로 미루는 희생을 감내해야 했다. 결국 그는 자기를 희생하는 편을 택했다. 달리 타협점을 찾지 못했기 때문이다.

본업에 충실한 것과
한눈을 판다는 것의 경계는 어디에 있을까?

류비셰프의 삶은 평생 이어지는 끊임없는 논쟁에 다름 아니었다. 마음속의 갈등 속에서 류비셰프는 점차 민감해졌고 세상의 불의와 절대 타협하지 않는 성격이 만들어졌다. 끊임없이 지속되는 모순이 그의 성격을 변화시켰다. 그는 자신이 세계의 축소판이라는 생각을 하게 되었다. 즉, 인간을 중심으로 모든 역사가 창조되며 인간 자체가 역사라는 사실을 깨닫게 된 것이다. 그는 국가의 운명이 곧 그 자신의 운명이라는 생각을 했다. 이것은 한 국가의 국민으로서 당연한 생각이다. "학자에게는 순수한 학문적 열정과 민족에 대한 사회적 책임이 똑같이 중요하다."라고 말한 러시아의 식물학자 티미랴제프의 말을 류비셰프가 높이 평가했던 것도 결코 우연이 아니었다. 자신이 세계의 축소판이라는 깨달음은 곧 스스로가 인류의 일부분임을 인정하는 것이었다.

류비셰프가 생전에 좋아했던 사람들 중에는 아인슈타인, 케플러Johannes Kepler(1571~1630), 레오나르도 다빈치Leonardo da Vinci(1452~1519) 등이 있다. 모두 평범함과는 거리가 먼 사람들이다. 그가 레오나르도 다빈치를 좋아한 이유는 권위에 의존하는 모든 교의를 단호히 부정하고 다양한 현상에 수학적으로 접근했다는 점 때문이었다. 류비셰프에 따르면 레오나르도 다빈치는 종교적인 사람이었다. 하지만 여기서 종교는 명상이 아닌 새로운 창조로 이어지는 길이었다. 레오나르도 다빈치와 이탈리아 역사학자 마키아벨리Niccolò Machiavelli(1469~1527)의 독특한 윤리관에 대해서도 그는 전혀 부정적인 입장을 가지지 않았다. 류비셰프는 이와 관련해 다음과 같이 쓰고 있다.

이들을 부도덕하다고 여기는 까닭은 그저 새로운 윤리관이 낯설게 느껴지기 때문이다. 실제로는 이성으로 도덕을 정당화한다는 소크라테스의 주장과 전혀 다를 바 없는 윤리관임에도 불구하고 말이다.

이렇듯 류비셰프는 항상 이성의 가치를 높이 평가했다. 그럼에도 정작 그의 삶이 이성적이었다고는 할 수 없다. 물론 시간 통계 방법이라는 자기 관리법이 존재하기는 했지만 이것 역시 류비셰프가 때로 엉뚱한 일에 시간을 마구 낭비하듯 써버리는 일을 막지 못했다. 그저 거기에 얼마만큼의 시간을 썼는지 계산하고 결산할 뿐이었다.

자기 본업에 열중한다는 것과 한눈을 판다는 것은 과연 어떻게 다른가? '사람은 반드시 이러이러하게 살아야 한다'고 자신 있게 주장할 수 있는 사람이 과연 있을까? 어쩌면 인간은 한눈을 팔지 않고는 살 수 없는 존재가 아닐까? 예를 들어 뉴턴만 해도 그렇다. 그는 여러 분야에 관심과 힘을 쏟았다. 자신의 평생의 역작으로 《예언자 다니엘의 저서에 대한 평론》을 꼽을 정도였다. 그는 종교적인 글을 쓰면서 많은 시간을 보냈다. 이를 헛된 짓이었다고 볼 수도 있다. 실제로 몇몇 역사학자들은 이에 대해 안타까워 한다. 하지만 뉴턴의 종교적인 사고관은 학문적 업적과 상호 긍정적인 영향을 주고받는, 떼려야 뗄 수 없는 관계였다.

바빌로프Sergei Ivanovich Vavilov(1891~1951, 소련의 물리학자. 식물 육종학의 대가인 N.I. 바빌로프의 동생이다. ―편집자) 박사가 쓴 뉴턴의 전기를 보아도 학문과 종교의 조화가 강조되어 있다. 만유인력의 법칙을 발견할 당시 뉴턴은 무언가가 우리 주위의 공간을 가득 채우고 있다는 가정이 필요했다. 그는 그 존재가 바로 신이라고 주장했다. 결국 신의 존재를 개입시키고서야 만유인력이 설명되었던 것이다. 신학 연구가 헛되지 않았던 셈이다. 케플러의 경우도 마찬가지였다. 신학 연구는 과학 연구에 결정적인 도움이 되었다. 그는 신학적인 입장에서 천문학에 접근했고 그 덕분에 달의 영향에 의한 바다의 조수 현상이 이론적으로 정확히 규명될 수 있었다.

신학과 천문학 중에서 케플러의 본업은 무엇이었을까? 한눈을 팔았던 분야는 또 무엇이었을까? 누가 이를 판단할 수 있다는 말인가? 독일의 작곡가 바그너의 경우를 보자. 그는 음악보다는 자신이 쓴 시를 더 높이 평가했다. 시에서 영감을 얻어 아름다운 음악을 작곡할 수 있었다는 논리였다. 그렇다면 바그너는 시인인가, 작곡가인가?

류비셰프 역시 본업 외의 다양한 대상에 관심을 가짐으로써 결국 도움을 받았던 것이 아닐까? 1965년에 그는 창문에 낀 성에 무늬를 관찰하는 데 몰두했다. 수십, 수백 장의 사진을 찍었고 결국 〈창문의 성에 무늬에 대하여〉라는 논문을 썼다. 이 독특한 주제가 사람들의 비웃음을 살 수도 있다는 점에 대해서는 아랑곳하지 않았다. '창문의 성에 무늬라니! 은퇴한 교수가 이제 별 희한한 학문을 다 연구하려 드는군!'이라는 놀림이 충분히 나올 수 있는 상황이었음에도 불구하고 말이다.

모두가 익히 알고 있는 이런 현상에서 무슨 새로운 발견이 나올 수 있을까? 창문에 다양한 무늬를 그려내는 성에를 신기한 눈으로 바라본 기억은 누구에게나 있을 것이다. 그 무늬가 풀이나 나뭇가지, 고사리와 놀라울 정도로 닮았다는 생각도 모두들 해보았을 것이다. 이미 수백 년 동안이나 인류는 이 성에 무늬를 바라보며 놀라워하고 성에 무늬를 그린 그림도 수없이 많았지만 거기서 무언가 새로운 법칙을 발견해낸 사람은 하나도 없었다. 그런데 어느 아름다운 겨울 날 나이 70줄에 접어든 노인 류비셰프가 창문의 성에 무늬를 바라보다가 바로 그것을 찾아낸 것이다. 그는 닮은 모양이 아닌, 닮음의 법칙을 보았다. 그는 모두가 만족하면서 멈춰 버리는 곳에서 겨우 한 걸음을 더 내디뎠을 뿐이었다. 그 닮음의 법칙은 자연이 가진 조화로운 구조를 드러내주는 것이었다. 수학적으로 표현할 수 있는 법칙이었다. 류비셰프 연구자 중 한 명인 유리 슈레더는 창문의 성에 무늬에 대한 류비셰프의 논문이 두 가지의 새로운 과학 분야를 제시했다고 설명했다. 그것은 바로 '유사성 이론'과 '면적을 차지하지 않는 대칭 형태' 이론이다. 전혀 예상치 못한 일이었지만 성에 무늬는 류비셰프가 견지하던 통합적 사고를 뒷받침하는 역할을 해주었다. 이처럼 류비셰프는 세상을 통합적인 존재로 파악하면서 가장 일상적이고 사소한 것에서도 연구 대상을 찾아냈다. 그리고 새로이 발견한 것을 통해 이해의 폭을 넓혔다. 이런 작업을 통해 평범한 현상이 지극히 특별하게 바뀌는 셈이었다. 진정한 학자는 제아무리 자그마한 것에서도 새로운 발견을 해낼 수 있는 것이다.

수학자인 소피야 코발레프스카야Sofya (Vasilyevna) Kovalevskaya (1850~1891, 러시아 수학자이자 소설가. 함수론을 역학에 응용하였으며 고정점을 둘러싼 고체의 회전에 관한 논문으로 파리 과학아카데미에서 상을 받았다.—편집자)는 아이들 장난감인 팽이를 연구해 고체의 회전 문제를 혁신적인 방법으로 해결해냈다. 케플러는 술 장사꾼의 부탁으로 술통 용량을 측정하기 시작하면서 〈술통의 새로운 측정법〉이라는 논문을 발표했고 무한소 분석의 토대를 놓았다. 가톨릭 신자였던 수학자 칸토어Georg Cantor(1845~1918, 독일의 수학자. 집합론의 창시자이며 무한하지만 크기가 다른 초한수를 제시하였다.—편집자)도 삼위일체에 대해 고심하다가 집합론을 만들어냈다. 또한 최근에 등장한 게임 이론은 트럼프 놀이에서 출발한 것이었다.

시간통계 방법은 더없이 훌륭했다,
그렇다고 그의 호기심까지 통제할 수는 없었다

류비셰프가 본업에 집중하지 않고 한눈을 판다고 질책하던 친구들이지만 정작 그가 새로운 주제에 대해 논문을 쓰면 재미있게 읽곤 했다. 내게도 그런 글들, 그가 한눈을 팔았던 흔적들이 더욱 흥미롭다. 늘 예상을 뛰어넘는 놀라움을 주기 때문이다. 또한 항상 무언가 새로운 점이 드러나 있다. 아문센Roald Amundsen(1872~1928)의 일대기에 대한 논평, 니콜라이 모로조프의 문집에 대한 논평, 베르코르Vercors(1902~1991, 프랑스 소설가·수필가.─편집자)의 소설《인간과 동물》에 대한 서평 등이 모두 그렇다. 나는 전문적인 연구 논문은 이해하지 못하지만이런 일반적인 글은 읽을 수 있다. 류비셰프의 논문에는 늘 역사나 철학 등에 한눈을 파는 부분이 나온다. 사후에 출판된 그의 논문 〈poly-와 mono-〉는 이런 점에서 읽어볼 만한 가치가 있다. 그 논문은 다른 행성의 생명체, 발전發展 이론, 우주생물학, 다양한 진화의 법칙 등 복작한 문제들을 독특하게 연결시키면서 진화론과 관련한 엥겔스Friedrich Engels(1820~1895)와 레닌Vladimir Ilich Lenin(1870~1924)의 시각을 설명한다.

류비셰프가 남긴 다양한 글들, 철학적인 분석과 생물학 연구논문 중에서 과연 무엇이 후대에 남겨질 것인지는 사실 아무도모르는 일이었다. 그리고 정작 당사자인 그는 이런 문제를 전혀생각하지 않았다. '스스로 패배와 승리를 판단하지 말라'는 파스테르나크Boris (Leonidovich) Pasternak(1890~1960, 러시아 시인·소설가─편집자)의 시구처럼 말이다.

하지만, 결국 그는 스스로 판단을 내려야만 했다.

시인에게 허용되는 일이라 해서 과학자에게도 허용되는 것은 아니다. 과학자는 절대로 자기비판 능력을 상실해서는 안 된다. 그는 성공적인 결과와 그렇지 않은 결과를, 필요한 일과 불필요한 일을, 성공과 실패를 구분해내야만 했다. 류비셰프의 시간통계 방법은 나중에 한눈 팔 수 있는 시간을 확보하기 위한 것이 결코 아니었다. 이렇게 보면 그는 스스로 시간통계 방법을 망쳐버린 셈이었다. 시간통계 방법은 그의 '한눈 파는' 성향을 막지 못했다. 류비셰프의 강점에 대해 그랬듯 약점에 대해서도 그저 복종할 따름이었다.

어느 순간부터 류비셰프가 도저히 다른 식으로는 연구할 수 없게 되어버린 것이었다면 어떨까? 자신의 관심을 자극하는 대상에 대해서 반응을 보이지 않고서는 견딜 수 없는 특성을 갖게 되었다면 말이다. 자신을 억눌러야만 했을까? 그는 최대한 다양한 학문을 연구함으로써 자신의 이성을 다각적으로 펼쳐 보이고자 했다. 그리하여 때로는 학문적 문제보다 더욱 중요하게 여겨지는 윤리적 문제를 옆으로 젖혀둘 수가 없었던 것이다.

이제야 그를 알게 되었지만
끝내 그를 설명할 수 없을 때…,

이런 그를 산만한 사람이라고 보아야 할까? 작가는 자기 주인공이 논리에 반해 행동하기 시작하면 모종의 만족감을 느끼게 된다. 예정된 길을 충실히 따르던 주인공이 갑자기 심경의 변화를 일으켜 작가 자신도 전혀 예상치 못한 행동을 하는 것이다. 이런 행동은 주위 상황에 의해 나타나는 게 아니다. 하지만 인간적으로는 충분히 이해가 가능하다. 그 순간 책 속의 주인공은 더운 피가 흐르는 진짜 사람과 흡사해진다. 하지만 작가 입장에서는 익히 잘 알고 있다고 생각하던 주인공이 이해하기 힘든 행동을 보였을 때 이를 어떻게든 논리적으로 설명하려고 들게 된다. 가상의 인물이었든 역사적 실존 인물이었든, 작가는 주인공이 보이는 행동의 논리적 이유와 동기를 가능한 한 정확히 찾아내려 노력한다. 다시 말해 주인공에게서 모든 종류의 모순을 제거하려 드는 것이다.

류비셰프에 대한 글을 쓰면서 나 역시 그런 상황에 처했다. 그의 행동을 구체적으로 설명하고 비밀을 밝혀야 했다. 처음에는 내가 생각이 짧고 아는 바가 적기 때문에 의문이 남는 것이라 여겼다. 어쩌면 내가 그의 적극적이고 사회적인 품성을 염두에 두지 않았던 게 문제인지도 모른다. 어쩌면 류비셰프는 역사와 철학을 통해 오늘날 인류가 맞닥뜨린 문제를 표현하고자 시도했던 것일지도 모른다. 그래서 이반 뇌제에 대해, 윤리학에 대해 관심을 가졌던 것일지도.

생물학 분야에서 류비셰프는 여러 문제들을 제기했다. 그가 건드리지 않은 학문을 찾기란 거의 불가능하다. 변증법, 역사,

기계공학, 코페르니쿠스Nicolaus Copernicus(1473~1543, 폴란드 천문학자)와 갈릴레이Galileo Galilei(1564~1642)의 학설, 플라톤의 철학 등 어느 분야에서나 그는 이전 사람들과는 다른 방식으로 대상에 접근했다. 그리고 다른 사람의 오류를 찾아냈다. 그가 관심을 가졌던 모든 영역에서 오류가 드러나곤 했다. 남이 보지 못하는 것을 볼 수 있다는 것은 고통스러운 능력이다. 위대하지만, 기쁨보다는 고통이 따르는 일종의 형벌이기 때문이다.

실수나 오류와 마주치면 그는 피하는 법이 없었다. 늘 정면으로 대결했다. 하지만 오류들은 히드라의 머리처럼 잘라도 잘라도 다시 생겨났다. 그러면 그는 다시 용감한 헤라클레스가 되어 오류를 잘라나갔다. 누가 시킨 것도, 업적을 인정받는 것도 아니었는데 말이다.

꼭 그래야만 했을까? 논리적인 이유는 찾을 수 없다. 류비셰프의 시간통계 방법은 그를 논리적으로 행동하도록, 그리고 매사를 이성적으로 결정하도록 돕는 도구였다. 계획적인 삶을 사는 데 이보다 더 훌륭한 도구는 아마 없으리라.

하지만 시간통계 방법도 제 기능을 다하지 못하는 경우가 있었다. 바로 류비셰프가 자기의 이익에 반하는 일을 할 때였다. 모순 앞에서는 시간통계 방법도 무력했다. 약한 논리는 강한 논리로 물리칠 수 있었다. 하지만 논리가 아예 존재하지 않는 상황, 모든 것이 이성에 거스르는 상황에서는 어쩔 도리가 없었던 것이다. 시간통계 방법은 류비셰프에게 올바른 방향을 제시했지만 그는 다른 방향으로 움직였다. 마치 일부러 가장 불리한 길을 선택하는 듯 보이기까지 했다. 도대체 왜 그랬을까?

불현듯 나는 이 질문에 답할 필요가 없다는 것을 깨달았다. 애초부터 대답할 수가 없는 질문이었던 셈이다. 더 이상 규명해야 할 것은 없었다. 절대 설명할 수 없는 그 무언가에 부딪힌 셈이었다. 그것은 견고한 벽이었다. 어느 한 사람에 대해서 안다는 것은 곧 그가 지닌, 도저히 설명할 수 없는 모순에까지 도달했음을 의미한다.

나는 류비셰프에 대해 알게 되었지만 그를 설명할 수는 없었다. 안다는 것과 이해하는 것은 서로 전혀 다른 차원이다.

하지만 이러한 모순이 존재한다고 해서 류비셰프가 나약해지지는 않았다. 인생과 자기 자신, 그리고 학문에 대한 깊은 고민 때문에 적극성이 줄어들지도 않았다. 행동하고자 하는 욕망은 오히려 더욱 커졌고 머리가 그의 손발을 재촉했다. 그렇게 열심히 글을 쓰고 열정적으로 연구하는 이유가 대체 무엇이냐는 비판에도 주눅 들지 않았다. 그는 늘 "현실과 타협하는 자는 미래를 믿지 않는 사람"이라고 말하곤 하였다.

물론 이러한 신조가 그를 늘 굳건히 지탱해주었던 것은 아니다. 남의 영역에 관여하지도 않고 주변적인 일에 마음을 빼앗기지 않고 오래 전부터 해온 자신의 주된 연구에만 매달리고 싶은 마음이 그에게도 있었기 때문이다. 현실과 타협해 보기 싫은 일은 그저 못 본 척 넘어가고 싶기도 했다. 하지만 그럴 수가 없었다. 이런 갈등이 그를 만신창이로 만들었다. 너무도 고통스러웠다. 더더욱 힘들었던 건 주어진 사명을 제대로 이행하고 있는 건지 아닌지, 스스로를 희생시키면서까지 사명을 다하고 있는지, 아니면 주어진 사명을 애써 피하고 있는지에 대해 명확히 답할 수 없다는 점이었다.

14장
지독히 운 없는 사람이
행복할 수 있다는 점에 대해

류비셰프는 자신이 세운 계획을 모두 달성했을까?

그는 이를 위해 필요한 만큼의 능력을 지녔고 충분히 오래 살기도 했다. 그 능력이 타고난 것인지 아니면 스스로 노력해서 얻어낸 것인지는 논외로 한다 쳐도 말이다. 그는 시간통계 방법을 개발했고 시간과 노력을 투자해 그 방법을 충실히 따랐다.

하지만 애석하게도 목표했던 일을 다 해내지 못했다. 말년에 이르러 그는 아직 목표에 도달하지 못했으며 결국 도달할 수 없으리라는 점을 깨달았다. 시간통계 방법 덕분에 얼마만큼 목표에 못 미칠 것인지도 정확히 알 수 있었다. 72세 되던 해에 그는 《문화사에서 나타난 데모크리토스와 플라톤의 유파들》이라는 책에 모든 힘을 쏟아붓기로 결심했다. 7~8년의 시간이 소요

될 것으로 보이는 이 책을 마지막 일로 삼은 것이다. 생애 최후의 작업이 늘 그렇듯, 류비셰프의 경우에도 일반 생물학의 논의를 망라한 이 마지막 책이 그를 대표하는 저작이 되었다.

집필 작업이 진전되면서 책의 내용은 일반 철학적 사고와 인문학적 분석으로 영역을 넓혀 나갔다. 그의 주제가 인류가 보유한 모든 지식의 합일과 수렴에 있었다는 점을 감안하면 당연한 일이었다.

하지만 코페르니쿠스까지 끝내는 데만도 몇 년이 걸렸다. 생물학을 모두 포괄해내기에는 시간이 턱없이 부족하다는 점이 분명해졌다. 구체적인 분류학 연구 계획 또한 수정해야 했다. 1925년부터 그는 곤충 연구에 들어가는 시간을 최소한으로 줄였다. 바구미(바구밋과의 곤충을 통틀어 일컫는다.—편집자)의 탄생에 관한 연구를 접었고 연구 대상을 딱정벌레에 국한하기로 했다. 하지만 나중에는 딱정벌레의 종류에도 제한을 두어야 했다. 1970년 무렵이 되자 그는 암컷 여섯 종류의 특징이 그럭저럭 규명되었다는 결론을 내렸다. 계획에 비해 끝낸 일은 너무도 적었다. 딱정벌레 연구에 45년 동안 매달렸지만 결과는 참으로 보잘것없었다.

함께 연구를 시작했던 동료 보리스 우바로프는 평생 아프리카 메뚜기에 매달렸고 총 2,000여 종 중에서 500종에 대해 새로운 특징을 규명해냈다. 그는 최초의 세계적 메뚜기 전문가로 인정받아 2차 세계대전 중 아프리카의 메뚜기 박멸 사업을 지휘했고 그 공로로 영국과 벨기에, 프랑스에서 훈장을 받기도 했다. 물론 우바로프에게도 다른 많은 목표가 있었으리라. 제대로 달성하지 못했던 수많은 목표 말이다.

원하는 만큼 일하고 연구했지만
끝내 미완으로 남은 수많은 계획들

오래 전부터 류비셰프는 딱정벌레 연구를 일반 이론 문제와 연관시켜보겠다는 생각을 품어왔다. 하지만 제대로 시간을 내지 못했다. 뒤늦게 연구에 몰두했지만 결국 목표를 달성할 수 없는 상황에 처한 것이다. 물론 류비셰프가 아무런 성과를 거두지 못한 것은 아니었다. 해충 연구도 적잖은 성과가 있었고 분류학 연구 과정에서도 몇 가지 일반 원칙이 도출되었다. 예를 들어 위계서열 체계가 어디에나 맞아떨어지지는 않는다는 원칙 같은 것은 오늘날까지 높이 평가된다. 이러한 연구 결과가 생물학에만 국한되지도 않았다. 수학자, 철학자, 인공지능 전문가들까지 류비셰프의 연구에 관심을 보였던 것이다. 이런 점을 위안으로 삼을 수도 있었다. 하지만 계획이 제대로 달성되지 못한 것은 사실이었다. 시간통계 방법을 개발하도록 했던 동기이자 인생 전체를 걸고 계획했던 일들을 완수하지 못한 것이다. 그런

맥락에서 보자면 그는 불행한 사람이었는지 모른다.

그는 자신에게 부여된 가능성의 경계를 넘어설 수 있는 사람이었다. 그는 건강하게 오래 살았지만 그건 타고난 체력 때문이 아니라 규칙적이고 절제된 생활 습관 덕분이었다. 제아무리 복잡한 상황에서도 그는 자신의 신념과 확신을 저버리지 않았고 늘 하고 싶은 일, 원하는 일에 전념할 수 있었다. 사실 이 정도면 충분히 행복한 인생이 아닌가?

하지만 눈을 크게 뜨고 찾아본다면 그리 행복할 것도 없었다. 오랜 고민과 노력 끝에 짰던 계획은 미완으로 남겨졌다. 기대했던 대로 이루어진 것은 거의 없었다. 많은 논문과 책을 썼지만 대부분 생전에 출판하지 못했다. 그가 세운 목표는 더할 나위 없이 중요한 것으로 밝혀졌고 그 자신을 실망시키지 않았다. 하지만 끊임없는 노력을 한 뒤에야 그는 자신의 목표가 얼마나 멋지고 중요한 것인지를 깨달았다. 또한 그것이 달성 가능하다는 점도 알게 되었다.

삶이 끝나갈 때가 되어서야 모든 것이 분명해진 셈이다. 시간이 더 필요했다. 그것도 조금의 시간이 아닌, 인생을 다시 한 번 살 만큼의 시간이 있어야 했다. 계획이 잘못되었고 결국 모든 일이 뜻대로 이루어지지 않았다는 점을 인정하기란 참으로 고통스러웠다. 불행이라는 말 외에 달리 어떤 표현으로 이 상황을 설명할 수 있을까?

젊은이들이 류비셰프에게
열광했던 진짜 이유

그는 유명해지기 위한 모든 조건을 갖춘 사람이었다. 의지력, 상상력, 기억력, 사회적 지위 등등 다양한 특성들이 필요한 만큼 조화를 이루었다. 여기서 특히 중요한 것이 바로 조화이다. 결국 핵심은 조화에 있기 때문이다. 무엇 하나가 조금 더 많거나 적더라도 모든 것이 수포로 돌아갈 수 있다. 내가 아는 어느 물리학자는 바로 그런 조화를 이루지 못한 인물이었다. 그는 최소한 세 가지 정도는 위대한 발견을 해내겠다고 결심했지만 매번 확인에 확인을 거듭하면서 시간을 끌었고 결국 다른 사람들에게 추월 당하고야 말았다. 실수를 너무도 두려워한 나머지 스스로에게 지나치게 까다로운 기준을 적용했던 것이 문제였다. 그에게는 뻔뻔함이나 태평함 같은 것들이 너무 결핍되어 있었다. 이런 것은 의지만으로는 안 된다. 타고난 성품이 중요하다.

반면 류비셰프에게는 이 모든 것이 충분했다. 그는 필요할 때 긴장을 늦출 수 있었다. 좀더 소박한 목표를 세웠더라면 훨씬 큰 성과를 얻었을지도 모른다. 파브르나 우바로프처럼 곤충학자로서 유명세를 누렸을 수도 있다.

어쩌면 행운의 여신도 그의 편이 아니었다. 그를 곤경에 빠뜨린 것은 바로 자연이었다. 자연이 그토록 복잡하게 이루어져 있을 줄 누가 알았단 말인가? 류비셰프는 '끝이 좋기를 바란다면 마음이 끌리는 일을 택하라'고 말한 우화 작가 크릴로프Ivan Andreyevich Krylov(1768(69)~1844, 러시아 우화작가. —편집자)의 말에 따라 자연을 연구 대상으로 삼았다. 하지만 결국 좋은 끝은 오지 않았다.

결과만 따지자면 그는 실패자였다. 스스로도 그렇게 여겼다.

하지만 그럼에도 불구하고 세월이 흐르면서 젊은 학자들, 탁월한 업적으로 유명해진 신진 연구자들이 그에게 열광하게 된 까닭을 어떻게 설명해야 할까? 강연장마다 청중들이 존경 어린 얼굴로 그의 말에 귀 기울이게 된 이유는? 이런 상황에서도 여전히 그를 불행한 사람이라고만 치부할 수 있을까?

성경 속의 인물과 비유하자면 류비셰프는 세례자 요한과도 같은 존재였다. 생물학에 대한 새로운 이해가 자리잡도록 열심히 씨를 뿌렸지만 새싹은 보지 못할 운명이었던 것이다.

그는 자신의 연구가 다른 사람들에게 도움이 되리라는 점을 확신했다. 그는 후대 인류에게 필요한 존재였다. 물론 이는 학자보다는 예술가에게 더 흔히 일어나는 일이다.

저명한 학자들인 세르게이 메이엔과 알렉세이 야블로코프가 사후에 발표된 류비셰프의 논문에 대해 평한 글을 보자.

자연선택 이론과 유전학 연구가 혼합된 진화론이 생물학계에서 지배적인 지위를 누리는 상황이었지만 류비셰프는 이에 대한 반대 의견을 분명히 했다. 생물학의 거의 모든 문제들이 이러한 지배적 시각과 직·간접적으로 연결되어 있었으므로 그는 결국 대부분의 문제에서 일반화된 접근법을 받아들일 수 없었다. 이렇듯 일관된 '반대'야말로 특별한 가치를 지닌다. 학문적으로 입장을 달리하는 이들 중에서도 류비셰프의 날카로운 비판을 고마워하는 사람이 있을 정도이다. 류비셰프와 같은 비판자들은 학문에 꼭 필요한 존재이다. 설사 종국에는 잘못된 비판으로 밝혀진다 하더라도 말이다.

류비셰프가 참지 못했던 것은 논쟁 없는 진리, 근거 없는 확신, 절대적인 판단이었다.

과학은 사회의 보편진리와 연결되어 있지만 철학은 모두가 인정하는 그러한 진리를 하나도 갖지 못했다는 것이 자네 주장이네. 이보게, 자네는 갑자기 하늘에서 떨어지기라도 하였는가? 오늘날 상황은 정확히 그 반대이지 않은가. 가장 학문다운 학문이라면 모두가 인정하는 진리 따위는 절대 갖지 않는다네. 수학을 보게. 유클리드Euclid(BC 300년경) 기하학을 벗어난 수많은 이론이 있고 철학에까지 연결되고 있네. 확률과 통계 분야에서도 얼마나 다양한 주장이 난무하는지! 천문학에서도 이제는 라플라스Pierre

Simon, marquis de Laplace(1749~1827, 뉴턴의 만류인력을 우주에 적용시킨 프랑스 수학자 · 천문학자 · 물리학자. —편집자주)의 이론 하나만 통용되는 것이 아니야. 지구의 탄생이라는 문제에 있어서도 여러 이론이 대립되는 주장을 펼치는 중이고 말야. 또 자네는 '의심할 바 없이 확고한 사실, 예를 들어 지구는 납작하지 않고 둥글다는 것'이라는 표현을 썼더군. 물론 지구가 납작하지 않다는 건 최종적으로 확인된 사실이네. 하지만 지구의 형태가 가지는 의미에 대해서는 놀라울 정도로 다양한 의견들이 제시되었지. 지구의 윤곽을 설명하는 수학적 이론이 만들어졌고 대륙의 모양을 지구 역사와 관련짓기도 하네. 과거에는 달이 지구와 거의 한 덩어리로 여겨질 정도로 가까이 접근해 있었다는 점이 드러나기도 했지. 제대로 된 학문의 면모를 갖추고 있지 못할수록 움직일 수 없는 진리가 받아들여지는 법이야. 반면 제대로 된 학문이라면 늘 거대한 변화를 겪게 마련이네.

류비셰프는 가장 견고한 진실로 여겨지는 문제에 대해서도 거침없이 의문을 제기하는 재능을 지니고 있었다. 그는 때로 내 눈에조차 지극히 당연하게 보이는 대상에 대해 의혹을 제기해 나를 고민에 빠뜨렸다.

어쩌면 이것이 그의 가장 큰 특징이었을지도 모른다. 이미 오래 전에 깊이 생각하는 법을 잃어버린 사람들이 잠에서 깨어나도록 만드는 것 말이다. 사실 학자들 중에서도 '깊이 생각하지 않는' 병에 걸린 이들이 수없이 많다. 생각하도록 만드는 기관이 퇴화해버린 것이다. 더 놀라운 사실은 이러한 병이 그들의 학문적 연구에 아무런 장애가 되지 않는다는 점이다.

언젠가 류비셰프는 도무지 생각할 시간을 낼 수 없다고 한탄하는 젊고 유능한 학자에게 다음과 같은 답장을 보낸 적이 있다.

생각할 시간을 갖지 못하는 학자, 그것도 짧은 시간 동안 그러한 것이 아니라 장기적으로 생각을 하지 않는 학자는 학자로서 아무런 가망도 없습니다. 자신의 생활 방식을 바꾸어 생각할 시간을 충분히 확보할 수 없다면 학문의 길을 아예 포기하는 편이 나을 것입니다. 당신은 이미 박사 학위를 받았고 안정된 직장도 있습니다. 더 이상 서두를 일이 없지 않습니까? 이제 스스로를 이해하려는 노력을 기울여야 합니다. 현재 당신이 지향하는 목표는 대체 무엇입니까? 학문 연구에서 가능한 한 최대의 성과를 거두는 것이 목표라면 반드시 깊이 사고하는 시간을 가져야만 합니다. 위대한 학자인 폰 베어는 자신의 역작에 《관찰과 사고》라는 제목을 붙였습니다만 오늘날 연구하는 사람들을 보면 관찰은 너무 많고 사고는 너무 적은 경향이 있습니다. (……)당신은 다른 대부분의 생물학자와 마찬가지로 철학적으로 편협합니다. 생물학에 대해 전문적인 지식도 없이 글을 써대는 요즘의 P씨와 마찬가지로 말입니다. 당신이나 P씨나 모두 완전한 무지와 맹목적인 확신을 통해 미신에 가까운 주장을 펴고 있습니다. 학자에게 철학이 과연 무시할 수 있는 대상입니까? 만약 그렇다고 생각한다면 철학적 논의는 아예 엄두도 내지 않아야 마땅합니다. 논쟁의 여지가 전혀 없다고 여겨지는 문제에 대해 깊이 생각해볼 수 있도록 시간을 내십시오. 당신 사고의 공백을 메우기 전까지는 일반 대중을 위한 책을 쓰지 마십시오. 그도 아니라면 진화론에 침을 뱉으십시오. 심사숙고하지 않는다면 절대 상대할 수 없는 그 대상에 말입니다.

인간을 그가 세운 목표에 따라 평가하는 게 과연 옳은 일일까? 지나간 삶의 가치를 보여주는 것은 대체 무엇일까? 인류에게 남긴 업적일까? 재능 있는 사람은 평범한 사람에 비해 더 많은 업적을 남기게 될까? 만약 그렇다면 노력하는 사람보다는 천재가 한 수 위일 것이다! 하지만 재능이나 천재성이 없다고 해서 그걸 잘못이라 탓할 수 있는가? 재능을 타고난 이들의 공헌은 과연 어디에서 찾아야 할까? 물론 학문 연구에서는 천재가 평범한 사람보다는 더 많은 업적을 남길 것이다. 하지만 그런 천재 학자의 경우라면 그 자신의 노력보다는 애초에 타고난 능력이 더 두드러지게 마련이다.

류비셰프는 천재가 아니었다. 천재란 선구자들이 쌓아왔던 노력에 종지부를 찍는 존재이다. 나는 류비셰프가 천재가 아니기 때문에 흥미를 느낀다. 천재는 분석될 수 없고 따라서 연구해보았자 얻을 것이 하나도 없다. 천재는 그저 바라보고 감탄하면 되는 대상이다. 하지만 류비셰프에게는 스스로 성공적으로 실천해낸 그 어떤 삶의 비결이 있다. 비록 그 자신은 무슨 특별한 비결이나 기적의 존재를 부인했지만 말이다.

시간통계 방법 외에도 류비셰프는 다음과 같은 몇 가지 생활 원칙을 지켰다.

1. 의무적인 일은 맡지 않는다.
2. 시간에 쫓기는 일은 맡지 않는다.
3. 피로를 느끼면 바로 일을 중단하고 휴식한다.
4. 열 시간 정도 충분히 잠을 잔다.
5. 힘든 일과 즐거운 일을 적당히 섞어 한다.

이런 원칙은 류비셰프의 개인적 특성과 주변 상황을 바탕으로 만들어진 것인 만큼 아무한테나 권할 수는 없다. 류비셰프는 자신의 업무 능력을 정확히 진단해 가장 적합한 생활 원칙을 수립했다. 그는 시간 부족을 한탄한 적이 거의 없었다.

류비셰프처럼 살 수 있다면,
우리 인생은 길고도 긴 시간이다

이미 오래 전부터 나는 일을 잘 하는 사람에게는 시간이 충분하다는 점을 깨달았다. 아니, 그런 사람들에게는 남들보다 시간이 더 많다고 말하는 편이 좋겠다. 콘스탄틴 파우스토프스키 Konstantin Georgiyevich Paustovsky(1892~1968, 구 소련 작가. ─편집자)는 늘 장시간의 산책과 유쾌한 담소를 즐겼다고 한다. 마치 아무 할 일이 없는 사람처럼 말이다. 그는 서두르는 법이 없었고 바쁘다는 한탄도 늘어놓지 않았지만 다른 누구보다 많은 일을 해냈다. 과연 언제 일을 했을까? 알 수 없는 일이다. 류비셰프류의 사람들은 이렇게 독특하고 비밀스럽게 시간을 사용한다. 이들은 시간이라는 탐욕스러운 신과 두려움 없이 대면한다.

인류에게 시간은 늘 적대적인 대상이었다. 공간은 어찌어찌 정복이 가능했다. 하지만 시간은 태초의 모습 그대로 길들여지지 않은 채 남았다. 인간이 아득한 우주를 바라보고 수십억 년 세월을 헤아리는 지구의 시계 소리를 들으며 별들의 변화를 관찰하기 시작한 이래 시간은 훨씬 더 두려운 존재가 되었다.

류비셰프가 얼마나 용감하게 시간에 맞섰는지 생각하면 놀라지 않을 수 없다. 그는 몸으로 시간을 느꼈다. 그리고 늘 요동치며 흘러가는 '현재'를 관리하는 법을 터득했다. 그는 시시각

각 줄어드는 남은 생애를 정확히 헤아리는 데 아무런 거리낌이 없었다. 그는 단 한순간도 헛되이 놓쳐버리지 않도록 온 정신을 집중해 지나가는 시간을 잡아챘고 최대한 많은 일을 해냈다. 마치 일용할 양식을 대하듯 그는 시간을 경건하게 여겼다. '시간을 죽인다'는 일 따위는 생각조차 하지 않았다. 어떤 시간이든 그에게는 더없이 소중했다. 모두가 창작의 시간, 앎의 시간, 삶을 즐기는 시간이었다. 그는 시간 숭배를 실천했다. 이렇게 되자 삶은 흔히 말하듯 덧없이 짧은 것이 아니었다. 나이도 일의 어려운 정도도 문제가 되지 않았다. 류비셰프가 우리에게 주는 교훈은 끊임없는 노력을 통해 1분을 한 시간처럼, 그리고 한 시간을 하루처럼 살 수 있다는 것이다. 인생은 길고도 긴 시간이다. 많은 것을 읽고 여러 언어를 습득하고 여행하고 음악을 듣고 아이들을 교육하고 시골과 도시에서 모두 살아보고 정원을 가꾸고 젊은이를 가르칠 수 있다.

여유를 부리다 보면 시간은 그만큼 더 빨리 흘러가 버린다.

우리가 제대로 사용하지 못하고 흘려버리는, 그리고 기억조차 하지 못하는 시간이 얼마나 많은지 모른다. 30분 정도는 시간으로 치지도 않는다. 그 어떤 방해 요인도 없이 순수하게 확보되는 긴 시간만을 쓸모 있는 시간이라 여긴다. 그제야 마음껏 능력을 발휘할 수 있다고 생각하는 것이다. 짧은 시간을 어떻게 사용해야 할지 모르며 그저 사소한 일들이나 상황 탓만 하기 일쑤다. 우리가 어찌할 수 없는 온갖 일들, 우리 시간을 빼앗아가는 핑곗거리들은 얼마나 많은지! 그런 것에 모든 책임을 지우기란 얼마나 편리한지.

그렇게 이리저리 구실만 찾는 과정에서 우리 자신의 영혼이 형편없이 나약해지고 있다는 점은 전혀 깨닫지 못한다. 내 주변 친구들 중에서도 그런 서글픈 경우가 꽤 있다. 한때 소양을 갖춘 학자였고 이후에는 꽤 큰 연구소의 소장도 맡았던 친구, 또 가까이 지내던 작가 두 사람이 모두 같은 길을 걸었다. 높은 지위에 오르자 많은 시간을 빼앗기게 되었고 당연히 연구나 집필은 어려워졌다. 서서히 친구들은 그런 식으로 상황에 휘둘리는 데 익숙해졌다. 모두들 나중에 의무에서 벗어나 자유로워질 때를 꿈꾸었고 그 시간이 오면 본업에만 전념하겠다고 말하곤 했다. 자투리 시간에 책을 쓰거나 학문을 연구하기란 불가능하다고 변명하면서 말이다. 그리고 세월이 흘러 결국 그들은 자유를 얻었다. 고대했던 그 시간이 온 것이다. 하지만 그때쯤에는 더 이상 자신이 원하던 일을 하지 못하게끔 변해 있었다. 오랫동안 이들은 그 사실을 인정하지 못했고 새로운 의무와 책임 등 온갖 핑곗거리를 찾아냈다. 그러다가 첫 번째 친구는 술을 마시기 시작해 얼마 후 자살했다. 두 번째 친구도 서서히, 그리고 조용히 자취를 감췄다. 세 번째 친구도 비슷했다. 그밖의 다른 사람들은 아직 살아 있다.

"서신 왕래는 내게 퍽 즐거운 일이라네.
일을 방해하기는커녕 커다란 도움을 주거든."

류비셰프는 스스로를 지독히 운 없는 사람이라 불렀지만 그 가운데서도 행복감을 느꼈다.

그 행복감은 어디서 나온 것이었을까? 아마 자신의 능력을 충분히 발휘하고 있었기 때문이리라. 불운과 행복이 과연 공존 가능한 것인지는 모르겠다. 어쩌면 류비셰프는 중요한 건 결과가 아니라는 점을 깨달았을 수도 있다.

그는 자기 논문이나 글이 인정받도록 하기 위해 사람들을 찾아다니고 청을 넣는 데 시간을 쓰고 싶어 하지 않았다. 의무적인 방문이나 명절 행사 등도 기피했다.

그런 그가 유일하게 시간을 '호사스럽게' 썼던 일이 하나 있다. 그것은 바로 서신 교환이었다. 가족이나 친구들에게 쓴 편지는 일단 제외하자. 이런 편지라면 오랜 시간을 들여 자주 쓰는 것이 당연할 테니 말이다. 내가 주목하는 것은 업무적인, 그리고 학문적인 서신 교환이다. 이런 편지 중에는 빽빽하게 타자된 종이로 열 장, 스무 장씩이나 되는 것도 있다. 그 내용은 상대로부터 받은 논문 초안에 대한 의견, 서적 비평, 논문들에 대한 검토 등 다양했다. 사람들이 류비셰프의 의견을 구하고자 했던 문제는 정말이지 무수히 많았다! 테야르 드 샤르댕Pierre

Teihard de Chardin(1881~1955, 프랑스의 종교 철학자. 가톨릭 사제임에도 불구하고 인간은 정신적·사회적으로 진화하고 있다고 주장하였다.—편집자)에 대해 어떻게 생각하는지, 텔레파시의 존재를 인정하는지, 생물체의 적응 문제에 대한 의견은 어떤지, 카오스의 본질은 무엇인지……. 심지어 연극이나 인구학, 혹은 향유고래의 생태에 대한 질문도 있었다.

어느 해의 통계를 보더라도 그가 엄청난 양의 편지를 받고 또 썼다는 점이 드러난다. 1969년의 경우를 보자.

419통의 편지를 받음(그 중 98통은 해외에서 온 것). 283통의 편지를 씀. 69통은 소포로 보냄.

류비셰프가 보낸 편지의 수신인은 학교, 연구소, 아카데미 회원, 신문 기자, 엔지니어, 천문학자 등 다양했다. 편지 중 일부는 학술 논문이라 해도 손색이 없다. 또 파벨 스베틀로프나 이고르 탐을 비롯해 여러 학자들과 교환했던 편지는 그대로 출판해도 전혀 무리가 없을 정도로 진지한 학문적 대화와 논쟁의 연속이다.

워낙 다양한 주제를 다루고 있는 만큼 류비셰프가 교환했던 학문적 서신만 모은다 해도 현대의 자연 연구, 철학, 역사, 법학, 연구 방법론, 윤리학 등 각종 문제가 망라된 두꺼운 백과사

전이 만들어질 정도이다.

그 편지들을 보기 전까지 나는 과거의 우리 선조들이 얼마나 많은 편지를 쓰며 살았는지 제대로 알지 못했다. 놀랍게도 류비셰프는 나와 같은 시대를 살면서도 이미 사라져 버린 서신 교환의 전통을 훌륭하게 되살려 실천한 셈이었다.

다음 편지에서 나타나듯 류비셰프에게는 분명한 서신 교환 원칙이 있었다. 매달 그는 누구에게 답장을 쓸 것인지 계획을 세웠다. 편지를 받으면 당장 답장을 써야 하는지 그렇지 않은지를 표시해 두었다.

급한 편지라면 지체 없이 답장을 하네. 나머지는 조금 미루어 두지. 중요한 글을 쓰고 있을 때면 일종의 유예 기간을 정해둔다네. 그 동안에는 급한 경우 외에는 답을 하지 않아.

사람들은 모든 편지에 즉각 답장을 써야 한다고들 말하네. 그래야 예의바르다는 거지. 찬미 일색으로 쓰인 현대 위인들의 전기를 보면 모두들 더할 나위 없이 완벽하게 예의바르고 모범적이더구먼. 마치 태어나면서부터 신심이 강해 부활절 기간 중에는 엄마 젖도 먹지 않았다는 니콜라이 성인의 이야기를 읽는 것 같다니까.

내 생각은 이렇다네. 사적인 서신 교환의 경우 모든 의무는 쌍방적이야. 나는 공적 관계든 사적 관계든 당연히 플라톤이 주장한

계약 개념에 따라 움직인다고 믿네. 답장을 요구할 권리는 아무에게도 없지. 답장은 늘 상호 간에 합의한 결과이거나 혹은 친절한 마음에서 비롯되네. 후자는 전혀 의무가 아니지. 난 가능한 한 모든 편지에 답을 하려고 노력하네. 적절한 서신 왕래는 내게 퍽 즐거운 일이야. 목표 달성을 방해하기는커녕 커다란 도움이 되기도 하고.

류비셰프의 편지를 읽다 보면 각별한 즐거움을 느끼게 된다. 편지 속에는 전체적인 시각에서 세상을 바라볼 수 있는 그의 능력이 드러나 있다. 서로 까마득히 멀리 떨어져 아무런 관련도 없는 듯한 부분들과 조각들이 어느 틈엔가 전체의 일부가 되어 단일한 그림을 그려내는 것이다. 그는 어떤 대상에 대해서든 적당한 자리를 찾아낼 수 있었고 이로써 우리가 잃어버리고 만 통합적인 인식 능력을 어떻게 되살려야 할지 가르쳐주었다.

하지만 낭패스럽다는 느낌도 든다. 그 엄청난 능력을 어떻게 그토록 쉽게 나누어 줄 수 있었을까! 그것도 전체 사회를 위해서가 아니라 잘 알지도 못하는 개개인에게 말이다. 그는 자기 생각과 사상, 오랫동안 축적한 관찰 결과 등을 아낌없이 사람들에게 선물했다. 마치 업무상 의무라도 다하듯 꼼꼼하고 신중하게 답장을 썼던 것이다.

결국 편지 쓰기에 엄청나게 많은 시간이 할당되어야 했다. 나로서는 이해하기 힘든 일이다. 뭐, 기분 전환으로 역사에 관한 논문을 쓴다면 또 모른다. 어떻든 논문으로 남을 테니 말이다. 하지만 이건 사적인 편지에 불과하며 수신인 혼자만을 위해 씌어지지 않는가.

이는 힘의 분산이며 원칙에 위배되는 일이다. 자투리 시간을 모아 절약해둔 시간을 편지에 낭비하다니. 또 이렇게 되면 답장을 보내야 하는 새로운 편지가 점점 더 많이 올 수밖에 없다. 류비셰프의 답장을 받은 사람 중에는 남의 노력을 공짜로 얻으려는 비양심적인 인물도 있었다. 물론 그것은 우리가 가진 원칙으로 판단할 때 그렇다는 얘기다. 하지만 류비셰프에게는 다른 원칙이 존재했다. 논문이나 책이 일반 대중을 위한 것이라면 편지는 답장을 기다리는 수신인을 위한 것이다. 그리고 자신의 편지를 기다리는 그 사람이 류비셰프에게는 시간보다 더 소중했다. 참된 의사가 단 한 명의 환자를 위해 온갖 치료법을 개발하듯 류비셰프는 누군가 자신을 원할 때면 아무것도 아끼지 않았다. 그토록 소중한 시간조차 충분히 희생할 수 있었던 것이다. 그는 다른 모든 것을 제쳐두고 학문에만 매달리는 비인간적인 존재가 아니었다. 학문이나 지식은 최고의 목적이 될 수 없고 그렇게 되어서도 안 된다. 학문보다도, 시간보다도 더 소중한 것이 있는 법이다.

모든 것을 계획하고 빈틈없이 살면서도 그는 편지를 즐겨 썼다.
타자기 앞에 앉아서 길고 상세한 편지를 그토록 자주 쓴 이유는 대체 무엇일까?

이렇게 쓰고 보니 소련 시절의 화가 파벨 필로노프가 떠오른다. 자기 일에 미쳤던 사람들 중에서 가장 깊은 인상을 주는 인물이다. 필로노프는 열정적으로 예술에 모든 것을 바쳤다. 금욕적인 생활을 했으며 심지어 자주 굶기도 했다. 돈을 벌기 위해서가 아니었다. 그림을 생계 수단으로 하여 먹고 살기를 원치 않았기 때문이다. 그는 남들의 이목에 아랑곳하지 않았고 양보하거나 타협하려는 생각은 조금도 없었다. 누이인 에브도키아에 따르면 필로노프의 작업실 겸 집은 더할 나위 없이 초라했다고 한다. 다른 화가들에 대해서는 기껏해야 비판이나 했고 대부분의 경우에는 아예 인정조차 하지 않았다. 아집에 가득 찬 나머지 그는 자신을 제외한 다른 모든 화가의 화풍을 부인할 수밖에 없었다. 자신의 작품만이 가치가 있었고 자신의 작업 방식만 혁명적이라 인정받아야 했다. 그는 자신의 건강이나 주위 사람들에게는 전혀 신경을 쓰지 않았다. 그들에게 무엇이 부족한지 신경 쓰지 않았다. 그가 온 정신을 집중해야 하는 유일한 대상은 그림뿐이었기 때문이다. 일하고 글을 쓰고 그림을 그리고 캔버스 앞에 서서 새로운 작업 방법을 개발하고……. 오직 이것만이 그의 삶이자 존재의 이유였다.

이를 위대한 예술혼으로 존경하고 예찬할 수도 있다. 하지만 인간적으로 공감할 수 있는 부분은 많지 않다. 물론 필로노프의 그림은 감동적이다. 그렇다면 바로 그 아집과 광기가 그의 예술에 기여했다는 말인가? 혁명과 페트로그라드(상트페테르부르크의 다른 이름.—편집자주)의 노동자들을 주제로 한 그의 그림들은 대단한 걸작으로 평가받는다. 이 모든 것은 그 아집 덕분에 이루어졌을까? 아집은 재능이 활짝 피어나게끔 하는 도구인가? 그 아집에는 아무런 문제도 없는 것인가? 오늘날 그의 작품이 널리 사랑받게 된 것은 바로 그러한 아집, 다시 말해 예술을 위해 그가 치렀던 대가 때문인가? 이렇듯 아집이 예술가에게 도움을 준다면 그것을 긍정적으로 평가해야 하나?

이는 학자의 경우에도 똑같이 일어날 수 있는 상황이다. 중요한 것은 일의 결과, 즉 새로운 사실의 발견이나 진실의 규명에 있다고들 한다. 정말 그럴지도 모른다. 그래도 나는 왠지 아집에 대해서는 부정적이다. 필로노프의 작품을 감상하다 보면 그런 걸작을 남긴 것에 대해 고마운 마음이 들기도 한다. 하지만 다음 순간 그의 삶이 떠오르면서 고마움이 사라지고 만다. 나는 도저히 모르겠다. 그는 올바르게 살았던 것일까, 그렇지 않은 것일까? 아니, 애초부터 그에게 선택의 권리가 주어지기는 했던 것일까?

편지는 류비셰프가 다른 사람들에게 실제적인 도움을 줄 수 있는 소박한 방법이었다. 남을 도울 수 있는 상황이 오면 그는 자신의 이해득실이나 시간상의 손해 따위를 전혀 고려하지 않았다. 상대의 논문에 대한 그의 평가나 조언은 실상 광범위한 분석과 비평이었다. 돈 한푼 받지 않고 아무런 사심 없이 그 방대한 작업을 해준 것이다. 사소한 오류에서부터 논리상의 허점에 이르기까지 빠짐없이 잡아내는 편집장의 역할을 다하며 유익한 충고를 아끼지 않았다. 별로 유명하지 않은 사람, 아니 전혀 이름 없는 사람이 부탁을 해와도 거절하는 법이 없었다.

류비셰프가 서신 교환을 통해 해낸 일은 수십 명의 직원을 둔 '학문 서비스 센터' 전체의 업무와 비교할 수 있을 정도로 방대했다. 학문적 충고에 국한되지도 않았다. 도덕적·윤리적 문제에 대한 상담도 있었다. 그는 스승의 역할을 마다하지 않으며 상대를 꾸중하고 가르쳤다. 개인적으로 나는 그러한 도덕적인 내용을 더욱 중요하게 여긴다. 다음 편지를 예로 들어보자.

치제프스키 문제에 있어 저는 당신의 견해가 옳다고 생각하지 않습니다. 오히려 틀렸을 가능성이 높다고 여겨집니다. 당신은 '저는 이제 두 가지 점을 알게 되었습니다. 첫째, 전염병과 태양의 변화가 서로 밀접히 관련된다는 주장이 말도 안 되는 거짓이라는 점입니다. 경험적 자연 연구를 중시하는 학자들은 그 주장이 일고의 가치도 없는 것이라 생각하고 있습니다……'라고 쓰셨더군요. 저는 치제프스키의 책을 많이 읽지 못했습니다. 프랑스어로 된 두꺼운 책 한 권 정도를 본 것 같습니다. 그나마 읽은 지 오래되었지요. 어떤 사람의 주장이 '말도 안 되는 거짓'이라고 비판하기 위해서는 그의 모든 근거 자료가 잘못되거나 조작되었고 개인적인 목적을 위해 사용되었다는 확신이 필요합니다. 단순히 결론에 오류가 있다고 해서 엉터리라고 매도할 수는 없는 것입니다.

그런 사례로 모로조프를 들고 싶군요. 《뇌우와 폭풍우 속에서의 발견》, 《그리스도》(전7권) 같은 뛰어난 책을 쓴 사람입니다. 그는 '믿을 만한' 학자들의 지지를 받고 또한 확실한 근거를 바탕으로 하고 있다면 이론이 충분히 증명된 셈이라고 쓰고 있습니다. 전적으로 옳은 말입니다. 하지만 정작 그 자신은 책에서 터무니없는 결론을 내리고 맙니다. 제왕주의는 이집트나 로마, 이스라엘에서 모두 똑같은 모습으로 나타난다는 것이었지요. 그리스도를 그리스의 바실리우스Basilius(330?~379, 그리스정교의 교부, 신학자. —편집자)와, 율리우스 카이사르(Gaius) Julius Caesar(BC 100~BC 44)를 콘스탄티누스 대제Constantinus the Great(280이후~337)와, 또 예루살렘을 폼페이와 똑같다고 생각하는 것입니다. 유대인은 이탈리아인들의 후예일 뿐이라고도 합니다. 이런 주장을 받아들일 수 있겠습니까? 저는 잘 모르겠습니다. 하지만 그렇다고 해서 모로조프가 말도 안 되는 거짓말을 늘어놓았다는 뜻은 아닙니다.

그는 몽블랑 산의 높이만큼 많은 자료를 모았지만 세상에는 그에 반하는 자료 또한 히말라야 산의 높이만큼 존재합니다.

다윈주의에 대해서도 똑같은 말을 하고 싶습니다. 다윈과 다윈 지지자들은 몽블랑 산 높이에 이르는 수많은 사실들을 제시하며 그것이 자신들의 주장을 뒷받침한다고 하지만 제가 아는 한 그들의 주장에 반하는 사실 또한 히말라야 산 높이만큼이나 많습니다. 더욱이 그런 사실은 계속 늘어나고 있지요…….

편지는 계속 이어진다.

다윈주의자들은 어떻든 이성적인 결론에 이르렀지만 모로조프는 그렇지 못했다고 말할 수 있을지도 모릅니다. 하지만 모로조프의 연구가 모두 그런 식이었던 것은 아닙니다. 동위원소 등의 개념을 망라한 그의 〈물질 구성의 주기적 체계〉 같은 논문은 화학자들로부터 높은 평가를 받았습니다. 그가 뛰어난 인물이었다는 점은 확실합니다. 다만 독특했던 삶의 여정 때문에 한 가지 측면의 재능만 발달했던 것이지요. 다시 말해 그는 타의 추종을 불허하는 상상력을 가졌지만 비판적인 사고는 충분치 못했습니다. 자, 어떻게 하면 좋을까요? 모로조프를 인정해야 할까요, 아니면 부정해야 할까요? 둘 다 아닙니다. 우리는 제3의 방법을 택해야 합니다. 그를 타산지석으로 삼아 비판적 인식론을 확립하는 것이지요.

치제프스키의 경우도 마찬가지입니다. 그의 결론을 분석하여 근거가 희박하다는 점을 밝힘으로써 비판할 수 있습니다. 그가 지닌 시각에 오류가 있음을 드러내는 것이지요. 하지만 그렇다고 해서 그를 엉터리라 불러도 좋은 것은 아닙니다. 제가 보기에 당신은 이른바 '방법론적인' 견지에서 치제프스키를 부정하는 듯합니다. 이 점에서 저는 당신과 정반대의 견해를 가지고 있습니다. 정밀과학의 발달은 '천체의 영향' 논쟁, 즉 천체가 지구 현상에 영향을 미친다고 주장한 이들(코페르니쿠스나 케플러, 뉴턴이 모두 여기 해당합니다)과 그 반대파들(갈릴레이가 대표적이지요) 사이에 벌어진 갈등 덕분에 가속화되었습니다. 전통 천문학자들은 단순한 방법을 사용하여 개개 인간의 운명을 알아낼 수 있다고 생각하는 오류를 범했고 그 반대파들은 마지못해 만유인력이라는 법칙은 받아들였으나 더 이상은 인정하지 않으려 안간힘을 썼습니다. 최근에도 자기 폭풍이나 태양의 빛이 전염병을 낳는다는 '천문학 법칙'이 끈질기게 제기되고 있습니다. 하지만 전염병의 원인은 박테리아라는 점이 이미 분명하다고요? 그럴지도 모릅니다. 하지만 코흐Heinrich Hermann Robert Koch(1843~1910)와 페텐코퍼 사이의 논쟁을 한번 떠올려 보십시오. 당시 페텐코퍼는 코흐의 가설을 반박하기 위해 콜레라균을 들이마셨지만 병에 걸리지 않았습니다. 이렇게 되면 박테리아와 전염병의 관계가 부정될 수 있는 건가요?

류비셰프는 사실과 사례를 찬찬히 나열하면서 자신만의 도덕 규범을 세워나갔다. 사람들은 그와 논쟁을 벌였고 모욕감을 느끼기도 했지만 그럼에도 불구하고 류비셰프 특유의 까다로운 도덕적·윤리적 요구가 필요하다고 생각했다. 아니, 한 걸음 더 나아가 사람들이 기꺼이 비판이나 비난의 대상이 되고 싶어 했다는 느낌까지 든다.

기회가 있을 때마다 류비셰프는 공정하고 치열한 논쟁의 필요성, 다른 견해를 가진 사람에 대한 인정과 수용의 필요성을 역설했다. 그는 유쾌한 논쟁 상대가 될 수 있는 드문 종류의 사람이었다. 논쟁이 시작되면 그는 상대의 논지를 자기 것으로 만들고자 애썼다.

진리를 탐구하는 진정한 학자라면 절대적인 신념을 가질 수가 없다(여기서 말하는 것은 논쟁이 존재하는 지적 분야에서의 신념이다). 그는 계속해서 새로운 논쟁을 벌이며 상대와 합의를 이루려고 애쓴다.

상대에 대한 우월감이나 허영심 때문이 아니라 자기 생각을 검증하기 위해서 논쟁하는 것이다. 이 과정에서 상대의 논지가 무엇인지 분명해지고 그것이 객관적이고 엄정한 자료가 아닌 이런저런 편견에 바탕을 두고 있다는 확신이 들 때까지, 그리하여 더 이상의 논쟁이 불필요해질 때까지 논쟁을 계속한다. 진지한 논쟁은 상대의 논지를 마치 자기 것인 양 확신에 차서 주장할 수 있을 때에야 종료될 수 있다. 하지만 그 다음에 상대의 편견 혹은 선입견의 근원에 대한 논증이 덧붙어야 한다.

이렇듯 엄정하고 까다로운 과정은 결투의 규칙을 연상시킨다. 류비셰프의 다양한 글과 편지 중에서 윤리와 관련된 부분만 발췌해 모은다면 완벽한 윤리 규범집이 만들어질 것이다. 딱딱한 원칙 위주의 교과서가 아닌, 실생활에서 널리 응용 가능한 상세하고 독특한 규범집 말이다.

류비셰프가 지녔던 윤리관은 '점잖은 사람'이 되는 차원에 머무르지 않았다는 점에서 남달랐다. 그에게 있어 '점잖은 사람'이란 지적·도덕적 수준이 '사회 대다수 구성원'의 그것과 비슷하다는 뜻이었다. 류비셰프는 그와는 다른 진정한 도덕성, 즉 사회 대다수 구성원의 도덕 수준을 높이기 위해 독자적으로 노력하는 상태를 요구했다.

윤리란 배운 것을 행하는 일이 아니라 끊임없는 극복과 연구의 과정이었다. 그런 종류의 사람은 늘 수가 많지 않지만 그래도 인류의 윤리적 진보가 계속될 만큼은 항상 존재해왔다는 것이 그의 주장이었다.

그에게 학자의 모범이 되는 사람은 클리멘트 아르카데비치 티미랴제프였다. 왜 하필 티미랴제프였을까? 그것은 학문적 업적 때문도, 류비셰프의 부러움을 살 만한 연구자로서의 재능 때문도 아니었다. 핵심은 바로 도덕적 품성이었다. 그렇다고 류비셰프가 티미랴제프를 개인적으로 알았다거나 그 일생을 따로 연구했던 것은 아니다. 그저 논문과 책을 읽으면서 판단했을 뿐이다. 류비셰프가 티미랴제프를 높이 평가하게 된 이유는 첫째, 순수학문에 대한 헌신 그리고 둘째, 민족과 사회에 대한 학자의 공익적인 의무 인식이었다. 많은 사람들은 이 두 가지가 공존할 수 없다고 생각한다.

순수 학문에 헌신하기만 하면 그만이라고 확신하며 상아 욕조에 몸을 담그고 시대의 요구에 뻔뻔스레 눈을 감아버리는 학자들이 있다. 진정 순수하고 이론적인 학문과 시간 낭비에 불과한 무익한 학문을 혼동하는 이들이다. 또 다른 한편으로는 민족과 사회를 위해 헌신할 준비가 되어 있다고 하면서(말로만 그렇게 떠드는 경우가 대부분이다) 실상은 순수학문도, 실용학문도 아닌 편협한 실무에 매달리는 학자들도 있다. 티미랴제프가 쓴 걸작《루이 파스퇴르*Louis Pasteur*》(1822~1895)를 보면 이런 학자들은 몸둘 바를 모르게 되리라.

이 멋진 전기는 우리에게 티미랴제프의 또 다른 위대한 면을 드러내는 역할도 한다. 그는 한 사람의 학문적 공헌과 세계관을 분리해서 바라볼 수 있는 인물이었다. 예를 들어 보자. 파스퇴르는 독실한 가톨릭 신자였지만 티미랴제프는 극단적인 무신론자였다. 하지만 맹신적 유물론자들이 파스퇴르를 공격하며 논쟁을 벌이던 시기에 정작 티미랴제프는 적극적으로 파스퇴르를 지지했던 것이다.

카를 폰 베어, 파브르, 코페르니쿠스 등 류비셰프는 자신이 존경하는 학자들의 첫 번째 특성으로 도덕성을 꼽았다. 그것도 일반적이고 추상적인 도덕성이 아닌, 자신을 감동시킨 구체적이고도 명확한 사례를 언급하곤 했다. 그는 늘 변함없는 모습으로 동료들에게 학자로서의 의무 이행을 호소했다. 그는 아인슈타인이나 간디를 존경했다. 그가 영웅으로 여기고 찬미했던 인물은 계속 바뀌었다. 구체적으로 어떻게 바뀌어 나갔는지를 추적하는 것도 흥미로운 일이리라!

류비셰프에 대해서는 '어떠어떠하게 되었다'라는 표현을 절대 쓸 수 없다. 늘 '어떠어떠하게 되어가는' 과정이었기 때문이다. 그는 늘 탐색하고 변화하고 생각에 생각을 거듭하면서 자신과 자신의 이상에 대한 요구를 높여나갔다. 그런 그를 도운 것이 시간통계 방법이었다. 아니, 그를 압박한 것이라고 해야 할까.

15장
자기인식에 이르는 길

그를 그저 이타주의자로만 생각할 필요는 없다. 편지를 쓰는 데 시간을 많이 소비했지만 동시에 그 편지들 덕분에 시간을 절약할 수 있었기 때문이다. 그는 한 권으로 엮인 두꺼운 편지 묶음과 책들의 요점정리 공책을 책꽂이에 가지런히 정리해놓았다. 그리고 논문을 쓸 때면 그 속에서 인용할 부분을 찾곤 했다. 편지 한 통 전체가 논문에 인용되는 경우도 있었다. 시간통계 방법이 수십 년 동안 축적한 자료들을 요긴하게 사용하도록 도와주었다.

시간통계 방법 덕분에 그는 외부 상황 변화에도 불구하고 학자에게 반드시 필요한 평온한 삶을 유지할 수 있었다. 똑딱거리는 메트로놈처럼 규칙적으로 달과 해를 계산하는 시간통계 방법은 그가 늘 현재 시간을 염두에 두게끔 했다. 이 방법을 통해서 그는 점점 더 합리적이고 건강한 삶을 영위할 수 있었다. 시간통계 방법이 그를 매우 분주하게 만들었기 때문에 일상적인 일들, 심지어 생활의 불편에 대해서도 생각할 시간이 없었다. 류비셰프는 점차 화를 내지 않는 법을 터득했고 사람들이 저지르는 엉뚱한 잘못을 쉽게 용서했으며 연구소 내의 규칙이나 무질서에 대해서 따지지 않고 쉽게 넘어가게 되었다. 덕분에 그는 늘 편안한 마음을 유지할 수 있었다.

그는 최소한의 것만을 필요로 했다. 책을 놓고 앉아 연구할 수 있는 자그마한 공간과 평온함이면 충분했다. 물론 평온함이라는 것은 사소한 요구가 아니다. 오늘날 평온함은 너무도 귀중한 존재가 되었기 때문이다. 다만 류비셰프가 요구했던 평온함은 더없이 소박한 것이었다. 그저 다급한 일들로부터 벗어난 조용한 상황이면 족했다. 평온한 삶을 위해 필요하다고 흔히 생각하는 요소들, 즉 넓은 집과 별장, 멋진 자동차, 훌륭한 그림들, 고풍스러운 가구 등을 가지려는 마음을 그는 단 한 번도 품어본 적이 없었다.

원하기만 했다면, 사람들이 생각하는 평온함을 쉽게 얻을 수 있는 기회가 그에게도 여러 번 찾아왔다. 굳이 현실과 타협하지 않고서도 말이다. 학자로서 높은 직위에 올라 좋은 대우를 받을 수 있는 기회들이었다. 조금만 노력하면 계속해서 더 높은 곳으로 승진할 가능성도 있었다. 하지만 그는 이런 것에 아무런 미련이 없었다. 꼭 필요한 것 외에는 아무것도 바라지 않았다. 의식적으로 풍요로움에 대한 욕망을 억누른 것이 아니다. 그저 많은 사람들이 필수적이라 여기는 것들의 필요성을 느끼지 못했을 뿐이다. 호화롭게 꾸며놓은 집을 방문해 섬세한 수공 가구와 다양한 장식품들을 구경하게 되면 그는 "내게는 전혀 필요 없는 물건이 이토록 많다니!"라며 놀라곤 했다.

바로 이것이 참된 자유였다. 그는 자유로웠던 것이다. 하지만 이런 자유는 그의 가족을 포함한 주변 사람들에게 불편함을 주었다. 주변 사람들은 지극히 평범했고 따라서 이러한 상황에 류비셰프처럼 만족할 수 없었다. 그는 끊임없이 연구에만 매달렸다. 마치 쉴새없이 돌아가며 소금을 만들어내는 동화 속의 맷돌처럼 말이다.

사람들은 그를 괴짜라고 생각했다. 류비셰프도 이를 부정하지 않았다. 사실 소크라테스도 생전에는 괴짜라 불렸다. 소크라테스의 행동이나 성격을 봤을 때 너무나 잘 어울리는 호칭이기도 했다. 류비셰프는 이단자의 길로 들어선 이상 다른 사람들의 이해를 쉽게 구하지 못하리라는 점을 알고 있었다. "금방 모두가 내게 동의해주면 왠지 내 의견이 틀린 것처럼 느껴진다."라는 오스카 와일드 Oscar Wilde(1854~1900, 아일랜드 시인·극작가.

탐미주의자.—편집자)의 말처럼 이단자의 길은 결코 순탄한 것이 아니다.

하루 전까지만 해도 류비셰프가 새로운 진실로 여겼던 것이 금방 진부한 것으로 변모하기 일쑤였다. 학문적 진실은 계속 갱신되어야만 한다. 그에게 있어 학문은 의심으로 시작되어 확신으로 끝맺는 것이었다. 철학도 마찬가지였다.

소신을 지키는 대가로 그가 치러야 했던 고난들

류비셰프가 간디처럼 금욕적인 삶을 살았다고 말할 수는 없다. 겉으로 보기에는 지극히 평범한 삶이었다. 그는 운동을 좋아했다. 수영을 하고 산책도 했으며 새 타자기에 대한 욕심도 있었다. 그야말로 평범했다. 또한 그가 살던 집도 전혀 특별할 것이 없었다. 하지만 주위 사람들은 이러한 소박한 생활로 인해서 그가 얼마나 많은 기회를 놓쳤는지 잘 알고 있었다. 원하기만 하면 대도시인 모스크바나 레닌그라드로 옮겨갈 수 있는 기회도 많았다.

류비셰프는 그런 기회들을 외면했다. 이것이 자신이 자유를 누리며 간섭받지 않고 살기 위해 치러야 하는 대가라고 생각했다. 다만 안타까운 것은 그 대가를 혹독하게 치르는 사람이 류비셰프 자신이 아니라 사랑하는 가족이었다는 사실이다.

사실 이밖에 다른 대가도 있었다. 그의 시간통계 방법은 커다란 장점들을 가지고 있었지만 정작 그는 엄청난 결과물을 내지는 못했다. 당연히 출판하고 발표하는 일이 많지 않았다.

  류비셰프는 매번 선택의 갈림길에 놓였다. 한 쪽 길은 과학 잡지 편집진의 입맛에 맞도록 글을 쓰는 것이었다. 거센 반발이나 분노를 사서는 안 되고 지배적인 시각에 의문을 제기해서도 안 되었다. 그는 반대자들을 존중했다. 그에게 필요한 것은 논쟁이었지 결코 감정적인 싸움이 아니었다. 그렇다고 이것이 순응을 의미하지는 않았다. 교묘하게 논쟁을 불러일으키자면 특별한 기술이 필요했다. 대부분의 생물학자들이 동의했던 부분에 대해 홀로 반대 입장을 취하자면 인내심과 지혜를 동원해야 했다. 어디서 양보해야 할지, 또 어디서 필요한 반격을 가해야 할지 정확히 파악해야 하는 것이다. 주저할 것은 없었다. 류비셰프는 단순히 새로운 생각을 제시하는 데 그치지 않고 근거를 제시하면서 상대의 논지를 반박할 수 있었기 때문이다.

  다른 쪽 길은 남들의 반응에 개의치 않고 자신의 생각을 발전시키는 것이었다. 반대자들을 상대하지 않은 채 독립적으로 연구하는 것이다. 자기 주장의 옳고 그름을 가리기 위해 논쟁하기보다는 주장을 다듬는 데에 초점을 맞추고 시간통계 방법을 철저히 지키며 계획대로 한 걸음씩 나아가는 길이었다. 인간적인 감정에서 완전히 초연한 듯 연구에만 몰두할 뿐 저명한 학자가

로널드 피셔에 대해 어떤 말을 했는지, 또 다른 학자가 얼마나 큰 상을 받게 되었는지 등에는 관심을 갖지 않은 채 말이다.

결국 류비셰프는 후자의 길을 선택했다. 하지만 여기에도 논쟁의 여지는 남아 있었다. 그리하여 그는 논문과 책을 출판하기 어려운 상황에 처했다. 여러 해 동안이나 침묵을 지켜야 할 때도 있었다.

그러는 사이에 사람들은 그를 잊어갔다. 그가 어디에 살고 있는지, 혹시 죽은 것은 아닌지 소식을 궁금해 하는 사람도 있었다. 그러면 "글쎄, 전도 유망한 학자였는데……." "아마 어디 시골 구석에 틀어박혀 아이들이나 가르치고 있겠죠." 같은 말이 오갔다. 사실 제대로 뜻을 펴지도 못한 채 사라지는 사람이 얼마나 많은가! 떠들썩하게 화제를 모으던 교수나 학자들이 점차 열정을 상실하다가 갑자기 자취를 감춰버리곤 한다. 그러고는 아무도 읽지 않는 지방 잡지 같은 곳에나 아주 가끔씩 글을 발표하며 살아간다. 재능 있는 모든 사람들이 제대로 자리를 잡을 수는 없는 법이다.

류비셰프가 그런 상황에 초연했다고 볼 수는 없다. 학자가 사람들의 뇌리에서 잊힌다는 것은 무척이나 위험한 일이다. 스스로 알아차리기조차 힘들게 서서히 일어나는 일이기도 하다. 현대 과학은 어제의 찬란한 발견이 오늘이면 이미 빛을 잃을 정도로 빠르게 변화한다. 물론 문학가라면 얘기가 다르다. 경쟁을 걱정하지 않고 느긋하게 앉아 자기 글을 쓰면 그만이기 때문이다. 과학자도 그렇게 시도해볼 수는 있다. 하지만 아주 큰 모험이 아닐 수 없다. 17세기의 케플러도 그런 생각을 했는지 다음과 같은 글을 남겼다.

……내가 책을 쓰는 것은 다른 사람이 읽도록 하기 위해서이다. 오늘 읽든 먼 훗날 읽든 상관없다. 수백 년 후의 사람들이 읽는다 해도 괜찮다. 하느님도 6,000년이라는 오랜 시간이 흐른 뒤에야 당신의 생각을 이해할 수 있는 인간을 만나지 않으셨는가!

자신이 쓴 글을 책상 한편에 밀어놓는다는 것은 그리 유쾌한 일이 아니다. 그래서 류비셰프는 매번 연구를 시작할 때마다 고민에 빠졌다. 이미 결정은 나 있었지만 마귀가 자꾸만 그를 유혹했다. 마귀는 매우 영리하고 현대적이었다. 비싼 술이나 벌거벗은 미인, 혹은 묵직한 지갑 등은 동원하지 않았다. 유혹의 마귀는 류비셰프에 대해 너무나도 잘 알고 있었다. 인쇄 잉크가 채 마르지도 않은 기다란 교정지가 구수한 냄새를 풍기고 작가의 이름이 금색으로 큼지막하게 박힌 책 표지가 그의 눈앞에서 어른거린다. 마귀는 '너도 할 수 있었을 텐데……. 할 수 있었다니까!'라고 속삭여댄다. 그것도 개인적 명예를 위해서가 아니라 학문의 발전을 위해서 말이다.

성공하면 높은 자리와 명성을 얻게 된다. 학회의 편집 담당자나 학술위원회 위원, 혹은 과학원의 지도적 인사도 될 수 있다. 그렇게만 되면 자유롭게 자기 글을 발표하고 견해를 널리 알려 젊은 학자들의 지지를 얻을 수도 있을 것이었다.

이제 때가 되었다. 더 이상은 참을 필요가 없다……. 마귀는 속삭였다. '이 시대에도 개인적 서신을 통해 과학적 진실을 전할 수 있다고 생각하는가? 그것은 아주 오래 전 중세 때나 쓰이던 방법이 아닌가!'

타협하지도, 누구가의 도움을 바라지도 않은 채
마침내 고요하고 평화로운 자기 인식의 길로

정말로 류비셰프는 자기 노력이 결국에는 헛되지 않았음이 밝혀지고, 후대 사람들이 자기 원고에 관심을 갖게 되리라 기대했던 것일까? 옛 사람들은 기도를 통해서 마귀를 쫓았다. 류비셰프는 십자가를 붙잡듯 시간통계 방법에 매달렸다. 결국은 시간통계 방법이 그의 가치를 증명해줬다. 지방의 이름 없는 잡지에 실렸던 그의 오래된 글이 끝내 묻혀 버리지는 않았다. 점점더 많은 사람들이 그의 글을 인용하기 시작했다. 어떤 글은 번역되어 해외로까지 전해졌고 사방에서 논문을 보내달라고 요청해왔다. 류비셰프는 그런 편지가 늘어나는 것을 보며 매우 뿌듯

해했다. 이런 일은 한두 번으로 그치지 않았다. 그가 유명해졌다는 의미다.

이렇게 되면 평생을 학문에 바친 고행자 류비셰프가 순식간에 야심가로 변모하고 만다. 그는 허영심이 아닌 야심을 가지고 있었다. 허영심과 야심은 전혀 다르지 않은가! 가령 헤로스트라투스(유명해지기 위해 기원전 356년 아르테미스 신전을 불태운 인물.—옮긴이)는 허영심에 가득 찬 사람이었고 케플러는 야심가였다. 하지만 류비셰프는 헤로스트라투스가 최악의 사례라고는 보지 않았다.

……그는 신전을 파괴함으로써 바라던 대로 후대에 이름을 남겼다. 그 과정에서 자신의 목숨도 잃었다. 하지만 남의 주검을 산더미처럼 쌓음으로써 명예를 가지려 하는 한층 더 고약한 야심가들도 많다.

류비셰프는 남들의 칭찬을 바라지 않고 스스로를 평가하는 방법을 터득했다. 시간통계 방법이 정확하고 객관적인 평가 도구였다. 1963년에 류비셰프는 2,006시간 30분이라는 최고의 업무 기록을 세웠다고 자랑스럽게 결산했다. 매일 5시간 29분을 쉬지 않고 일한 셈이었다. 전쟁 이전 시기의 평균 하루 업무 시간이 4시간 40분이었음을 고려하면 엄청나게 늘어난 것이다.

자기 자신보다 더 엄격하게 스스로를 평가할 수 있는 재판관은 없다. 류비셰프의 경우에는 더욱 그러했다. 한 치의 빈틈도 없이 자기 생활을 추적하며 만들어놓은 수치와 자료를 근거로 평가가 이루어졌기 때문이다. 그 평가 과정에서 뜻밖에 정당화되는 사건도 있었고 사악하고 심술궂다고 생각했던 이들이 고마운 은인으로 밝혀지기도 했다.

"현명한 재판관을 찬미하라! 전도유망한 내 앞길을 이토록 가로막다니!"

류비셰프는 이런 말로 스스로를 비판하기도 했다.

"이러한 고귀한 잣대를 미천한 우리가 어떻게 감히 이해하리요? 그것은 만물의 창조주가 높으신 분들에게 맡기신 일이거늘……!"

말은 이렇게 하면서도 실상 류비셰프는 스스로에 대해 어느 정도 만족했다. 그는 자투리 시간뿐 아니라 운명이 그에게 씌운 올가미도 유용하게 사용했다. 그는 어디로 가든, 어디에 살든 치밀한 계획에 따라 꽉 짜여진 생활을 했다. 오지로 발령 받았을 때도 마찬가지였다. 아니, 오히려 더 좋았다. 고요하고 평화롭고 건강하게 지내면서 연구하고 사색할 시간을 충분히 확보할 수 있었기 때문이다. 어떤 상황에서든 그는 그 상황만의 장점을 찾아냈다. 타협하지도, 누군가의 도움을 바라지도 않았다. 늘 적극적으로 살아가도록 만들어주는 시간통계 방법만으로도 충분했던 것이다. 어디든 자신이 있는 곳이 세계의 중심이고 무엇이든 자신이 하는 일이 세상에서 가장 중요한 일이라고 생각하는 사람, 그는 바로 그런 유형의 사람이었다. 그러면서 매일 자그마치 5시간 30분을 꼬박 연구에 바친 것이다. 일년 내내 말이다! 그야말로 엄청난 성과가 아닌가! 과연 다른 누가 이렇게 할 수 있겠는가!

　그렇다면 그의 삶을 대체 어떻게 규정해야 할까? 자아도취인가? 이기주의인가? 아니다. 이것은 자아실현의 행복이다. 자아를 실현하면서 살아가는 사람은 결국 더 많은 성과를 올리게 마련이다. 이런 사람은 자신에게 매우 엄격하다. 우리 같은 보통 사람들은 남에 대해서만 이런저런 요구가 많다. 스스로에게 그렇게 하기란 정말이지 쉽지 않다. 류비셰프가 쓴 글을 보면 많은 경우 자기 자신을 염두에 두고 있는 듯하다.

　대개의 사람들은 남을 위해 글을 쓴다. 남을 가르치기 위해서 쓸 뿐 스스로 자신의 지식을 평가하고 새로운 깨달음을 얻으려는 생각은 별로 없다. 스스로에 대해서는 아무런 결론도 내리지 않는 그런 글만 넘쳐난다. 다시 말해 글에서 주장했던 바를 자기 자신과는 직접적으로 연결시키지 않는 것이다. 그저 반대 의견이나 비판이 나왔을 경우에나 자기 글을 보호하려 나서게 된다. 그 외에는 그저 남을 가르치며 깊이 생각하라고 요구하고 착하게 살라고 권유하는 데 그치고 만다. 작가 자신은 무슨 특권이라도 누리는 양 절대 스스로를 평가하지 않는다. 자신이 주장한 바가 옳고 유익하다는 점만이 중요할 뿐 실제 자기 인생과는 결부시키지 않는 것이다.

사실 작가의 주장과 그의 실제 삶이 일치하는가 하는 문제에 관심을 갖는 독자는 거의 없다. 작가에게는 재능만 있으면 그만이라고 생각하는 것이다. 결국 재능만 있다면 그가 얼마나 인간적이고 도덕적인지, 자신이 글에 표현하는 생각들을 스스로 얼마나 지켜나가고 있는지 등은 중요하지 않다.

당분간은 계속 이런 상황일 것이다. 남에 대한 요구와 자신에 대한 요구가 일치하는 사람이 아직은 없기 때문이다. 이런 인물이 나타나면 그 완벽한 균형의 중요성이 곧 중시되기 시작할 것이다. 바로 이 때문에 학자나 철학자, 작가나 사상가 중에서 위대한 본보기를 찾았을 때 우리가 그토록 큰 기쁨을 느끼게 되는 것이다. 이런 본보기는 특히 러시아 역사에서 많이 등장했다. 베르나드스키, 톨스토이, 코롤렌코Vladimir Galaktionovich Korolenko(1853~1921, 러시아 단편작가 · 저널리스트. —편집자), 바빌로프, 수홈린스키, 이고르 탐 등이 모두 그러했다.

알베르트 슈바이처가 쓴 책《문화와 철학》은 커다란 감동을 준다. 그것은 아마도 슈바이처 자신이 평생을 다 바쳐 자신을 희생했기 때문이리라.

그토록 사랑하는,
나 자신을 정확하게 알고 스스로의 한계를 넘어선다는 것

우리는 재능 있는 사람에 대해서는 쉽게 잘못을 용서한다.

하지만 류비셰프는 재능 있는 사람이었음에도 불구하고 그 어떤 혜택이나 배려도 거부했다. 그의 일기나 편지글은 50여 년이 넘는 세월 동안 각고의 노력을 다해 자신을 수양한 이가 남긴 영혼의 기록이다. 이런 식의 자기 수양이 굳이 필요한 것인지 의문을 가지는 사람들이 많다. 심지어 거부감을 표하는 이들조차 있다. 이런 사람들은 주변 환경과 사회가 인격 형성에 가장 큰 역할을 담당한다고 믿으며 개개인의 인격을 향상시키는 것은 사회의 몫이라고 생각한다. 참으로 편리한 발상이다.

류비셰프는 그들과 정반대였다. 자기 자신에게 많은 것을 요구했고 항상 스스로를 관리하며 통제했다. 나는 류비셰프의 속마음을 이해하기 위해 생각을 거듭했다. 아마 그것은 신으로부터 부여받은 생명의 무한한 가치를 인식한 데서 비롯되었으리라. 한 인간의 삶은 단 한 번뿐이다. 하루하루의 시간 또한 다시는 반복되지 못할 유일한 존재이다.

대부분의 사람들은 자신이 가진 가능성의 한계를 넘어서려고 하지 않는다. 평생을 살면서도 자신이 무엇을 할 수 있고 무엇을 할 수 없는지 알아보려는 시도조차 없다. 그래서 자신에게 절대 불가능한 일이 무엇인지도 모른다. 가장 안타까운 점은 학자 중에도 이런 사람이 다수 있다는 것이다. 학자가 그리 어려워 보이지 않는 일만 시도한다고 하자. 그는 쉽게 목표를 달성하고 인정받게 된다. 실수란 전혀 없다. 연구 결과에 미흡한 점도 없고 누구도 반박하려 들지 않는다. 손 대는 연구마다 성과를 거둔다. 일단 시작하면 명쾌하게 끝낸다. 하지만, 하지만 말이다, 기다란 연구 실적 이면에는 분명 다 해내지 못한 일, 끝내지 못한 논문이 감춰져 있을 게다. 그리고 바로 그곳, 그가 실수와 오류의 위험, 남들의 비판을 두려워하며 건드리지 않았던 그곳에 정말로 위대한 발견의 실마리가 숨어 있을 가능성이 높다. 아마 그것은 자기 자신에 대한 발견이리라. 자신이 누구인지도 모른 채 삶을 마감하는 것은 참으로 부끄러운 일이다. 자신이 그토록 사랑하는, 그리고 자신과 가장 가까운 존재를 말이다.

이런 면에서 류비셰프는 자신을 완전히 알았던 사람이다. 그는 자기 능력에 맞춰 과제를 정하지 않고 과제에 맞춰 능력을 정했다. 위험을 회피하며 마음의 안정을 얻기보다 부담을 안고 살아가는 편이 낫다고 생각했던 것이다.

데모크리토스는 "인간의 정신적 가치는 행동이 아닌 의지에 의해 결정된다."고 말했다. 전에 나는 그 뜻을 이해하지 못했다. 그리하여 받아들이지도 않았다.

류비셰프는 많은 일을 끝내지 못했다. 하지만 내게는 하려고

했던 그의 의지가 중요하다고 느껴진다. 시간통계 방법을 통해 그는 자신을 연구했다. 자신이 얼마나 읽고 쓸 수 있는지, 얼마나 연구하고 생각할 수 있는지를 시험하였다. 스스로에게 터무니없이 무거운 부담을 지우지는 않았지만 그는 능력의 한계를 정확히 인식하고 바로 그 한계치까지 능력을 사용했다. 이는 영원히 끝나지 않는 자기 인식의 길이었다.

모든 사람이 자기 능력을 정확히 인식할 수 있다면 세상은 얼마나 더 아름다워지겠는가! 실제로 모든 사람은 자신이 생각하는 것보다 훨씬 더 큰 능력을 가지고 있기 때문이다. 우리는 더 용감하고 더 강해질 것이다. 더 큰 인내심을 발휘할 수 있을 것이다. 제2차 세계대전 중의 레닌그라드 봉쇄 당시 우리는 인간의 정신력이 만들어낸 기적을 목격했다. 추위와 굶주림에 지쳐 쇠약해진 육체에 힘을 준 것은 바로 정신력이었다. 의학적인 견지에서 보면 인간의 육체는 도저히 그런 상황을 견뎌낼 수 없다. 강철이나 콘크리트가 그렇듯 인간의 몸에도 버틸 수 있는 한계가 있다. 하지만 극한 상황에 처하자 새로운 지평이 열렸다. 물리적인 힘이 고갈된 후 정신력이 그 자리를 대신했다. 그리하여 의학적으로는 도저히 설명이 불가능한 상황에서도 사람들은 살아남았다. 그 정신력은 조국애와 적군에 대한 증오 등으로 이루어졌으리라. 레닌그라드가 봉쇄된 후 죽음은 더 이상 놀랄 일이 아니었다. 놀라운 것은 참호의 눈을 치우고 탄약을 나르며 전투에 참여하는 이들의 생명력이었다.

전쟁 상황에서 나타나는 이런 사례는 예외라고 해두자. 하지만 일상생활 속에서도 평소 생각하던 능력 이상을 발휘하는 놀라운 일이 간혹 벌어진다. 어디서 왔는지 모를 힘이 용솟음치고 머리가 맑아지며 상상력이 꿈틀거린다. 바로 이럴 때 작가들은 영감을 얻고 운동 선수들은 최고의 기량을 선보이며 학자는 놀라운 발견을 하게 된다.

누구나 이런 경험을 한다. 다만 그것이 얼마나 자주 나타나는가 하는 데서 차이가 날 뿐이다. 여기서 중요한 점은 자신의 가능성과 한계를 뛰어넘는 게 분명 가능하다는 데 있다. 이것이 가능한 일이라면, 또한 누구나 간혹 경험하는 것이라면 더 자주, 아니, 매일이라도 경험할 수 있지 않을까?

마지막 장

서글프게 인정할 수밖에 없는 것들

자신에게 주어진 한계와 가능성을 뛰어넘는다는 것.

이것은 극한 상황에서만 일어나는 일은 아니다. 류비셰프의 경우를 본다면 우리는 지극히 일상적인 부분에서도 얼마든지 주어진 한계와 가능성을 뛰어넘을 수 있는 존재이다.

인간이 얼마만한 잠재력을 지니고 있는지는 아직 제대로 규명되지 못했다. 나는 류비셰프를 통해 난생 처음으로 이런 문제에 대해, 그리고 나 자신의 인생에 대해 생각하게 되었다. 또한 그 과정에서 작가, 즉 제3자로서의 태도를 견지하고자 애썼다. 그래야 생각하기가 훨씬 쉽기 때문이다.

아마 미래의 사람들은 20세기 후반을 사는 우리가 왜 이렇게 각박하게 살았는지, 그리하여 가능성의 발현이라는 면에서 오히려 이전 세대보다도 못했던 이유를 절대 이해하지 못할 것이다.

류비셰프가 남긴 방대한 문헌을 뒤적이면서 작가인 나는 어쩔 수 없이 스스로의 모습을 돌아보게 되었다. 그리고 주어진 능력의 절반 정도만을 간신히 사용하며 살아왔음을 인정할 수밖에 없었다. 서글픈 깨달음이었다. 더욱이 그때까지 나는 꽤 일을 많이 하는 사람이라고 스스로를 평가하고 있었다.

분주하게 산다는 면에서는 우리 세대가 다른 어떤 세대에도 뒤지지 않는다. 낮에는 회사에서 일하고 밤에는 친구들을 만나거나 자기 계발을 하는 식으로 스스로를 혹사시킨다. 그야말로 하루 종일 눈코 뜰 새 없이 지내는 것이다.

하지만 냉정하게 사실만을 놓고 비교해보자. 똑같은 50년의 세월 동안 류비셰프는 작가인 나에 비해 더 많은 책을 읽고 극장에 더 많이 갔으며 더 많은 음악을 들었고 더 많이 쓰고 더 많이 연구했다. 그렇게 살면서도 주위에서 일어나는 일들을 더 잘 이해했고 더 깊이 생각했다.

이런 면에서 "삶은 곧 규명해나가는 과정이다."라는 카뮈Albert Camus(1913~1960)의 말은 류비셰프에게 퍽 잘 들어맞는다. 류비셰프의 다양한 편지와 글들을 읽어 나가면서 나는 스스로 얼마나 초라하고 게으른 존재인지를 절감했다. 성실하게 열정을 가지고 일하기 위해서는 단순한 업무 능력뿐 아니라 또 다른 것, 이를테면 체계적인 방법이 필요하다는 점을 깨달았다. 어쩌면 열정보다 이러한 방법론이 더 중요한지도 모른다.

혹시라도 내가 류비셰프를 이길 수 있는 부분이 있지는 않을까! 취미 생활을 더욱 열심히 했을 가능성은 없는가. 예를 들어 자연과 벗하는 시간을 더 많이 보내지는 않았을까?

그렇다면 얼마나 좋을까! 하지만 우리의 주인공은 잠을 충분히 잤고 밤에 무리하게 일한 것도 아니었으며 스포츠도 즐겼다. 물론 자연과 벗하는 시간도 나보다 훨씬 더 많았다. 그는 삶을 두루 즐기면서 살았다. 결국 나는 그 어느 면으로도 류비셰프를 넘어설 수가 없었다.

극단적인 경우 나는 모든 것을 류비셰프의 타고난 재능 탓으로 돌려버릴 준비가 되어 있었다. 하지만 재능이 있다고 시간이 늘어나는 것은 아니다. 이런 문제에서 재능은 아무 도움이 되지 않는다. 이것은 전적으로 그의 시간통계 방법 덕분이었다. 시간을 측정하는 단순한 방법이 삶의 내용을 변모시킨 것이다. 이 방법에 따라 류비셰프는 남보다 두 배나 더 많은 시간을 갖게 되었다. 도대체 어디서 이런 시간이 나왔을까? 바로 여기에 수수께끼가 숨어 있다.

나는 시간에 대한 스스로의 태도를 돌이켜보았다. 시간은 어디로 사라져 버리는 것일까? 내 앞에 나타났던 시간은 속절없이 모습을 감추고 만다. 나는 나이 먹은 만큼의 시간을 살지 못한 것 같다. 에너지 보존의 법칙, 질량 보존의 법칙 같은 것은

다 있는데 왜 시간 보존의 법칙은 없다는 말인가? 어째서 시간
은 흔적도 없이 우리 삶에서 사라지는 것일까?

그의 삶에는 그렇지 못한 삶을 살고 있는
우리들의 통렬한 회한과 반성이 감춰져 있다

덧없이 흘러간 시간에 대해 생각하고 있자니 과거의 내 시간
이 어딘가에 존재하는 것만 같은 느낌이 들었다. 자기 자신에
대한 비난이나 죄책감이라는 형태로 말이다.

우리 주인공의 완벽함 속에는 이렇듯 그렇지 못한 사람에 대
한 통렬하기 짝이 없는 회한이 감춰져 있다.

그토록 훌륭한 삶을 살았고 많은 이들이 함께 어울리고 싶어
했던 우리의 주인공이 막상 그 모습을 그려낸 후에는 그리 멋져
보이지 않으니 참으로 난감하다. 그의 삶은 너무도 훌륭하고 모
범적이었으므로 이렇게 된 것은 결국 작가인 나의 잘못이다. 무
언가를 제대로 드러내지 못했거나 지나치게 과장한 탓이리라.

이와 관련해 어느 기자는 나에게 이런 말을 했다.

"그런 경우란 없지. 자네 주인공은 단 한 가지에 대해 들끓는
열정을 가졌던 사람이네. 다시 말해 조화롭지 않다는 얘기야.
바로 여기에 모순이 있네. 우리는 인간이 모든 면을 고루 갖추
고 조화롭게 성장하기를 바라지만 인류 역사는 평생 하나의 열

정에 사로잡혀 살았던 불균형의 인간을 위대하게 보는 경향이 있거든."

그 기자는 '단 한 가지에 대해 들끓는 열정'이라는 것이 조화로운 발전과 배치된다고 확신하고 있었다. 사람들이 흔히 가지는 생각이다. 열정은 전인적인 성장을 방해한다는 시각 말이다. 차라리 열정이 없는 편이 더 낫고 더 안전하다, 있다면 아주 조금만으로도 충분하다. 전인적인 인간이 되기 위해 필요한 자질은 이미 다 정해져 있다는 듯이, 열정은 전혀 없지만 조화를 이룬 인간이 실제로 존재한다는 듯이 그들은 말한다.

그러한 조화를 최고의 이상으로 삼는 사람도 있을 것이다. 하지만 나는 광범위한 문화적 소양과 함께 엄청난 열정을 지녔던 러시아의 위대한 문인, 학자, 예술가들을 떠올린다. 스스로를 파멸로 몰고 갈 정도였던 이들의 열정은 자신의 모든 것을 다 바치는 몰두였다. 그런 열정이 없이는 창조력도 살아 숨쉴 수 없다. 게다가 류비셰프는 조화로운 성품이 진정한 열정과 공존하는 사람이었다. 그에게 있어 이 두 가지 힘은 서로 대립하지 않았다. 그리하여 젊은 시절에 지향하던 영웅주의도 버릴 수 있었던 것이다.

하지만 이런 점들이 류비셰프의 시간에 관한 궁금증을 풀어주는 것은 아니다. 류비셰프의 시간통계 방법은 주어진 시간을 절약하게 만들 수는 있지만 늘리지는 못한다. 그렇다고 해도 류비셰프의 시간은 다른 사람의 그것과 질이 달랐다. 그는 시간과 아주 독특한 관계를 맺었던 것이다.

'시간'이라는 존재의 독특한 측면들은 오래 전부터 나의 관심사였다. 어린아이들은 시간을 잘 느끼지 못하는 것 같다. 하지만 나이가 들면 시간에 대해 점점 더 예민해지고 노인이 되면, 즉 남은 시간이 얼마 없다는 걸 자각할 즈음이 되면 시간의 흐름이 귀에 들릴 정도이다.

대양을 건너 미국으로 날아가는 비행기 속에서 스웨터를 뜨고 있는 여인을 보면서 감탄했던 생각이 난다. 뜨개바늘이 여인의 두 손 안에서 가볍게 부딪치는 소리를 내고 있었다. 한 코 또한 코……. 대륙과 대륙 사이에 놓인 시간은 먼 옛날 우리 할머니들이 보냈던 시간과 마찬가지로 흘러갔다. 벽난로 근처에서 졸던 병아리들이 일어나 삐약거리고 램프 불빛 아래 빵 냄새가 풍기던 그 시절 말이다. 바로 내가 어린 시절 고향 마을에서 보던 풍경이었다. 그 순간 보잉 기는 아조르 군도 위로 접어들었다. 불현듯 나의 눈앞에 전쟁이, 탱크가, 총의 십자형 가늠쇠가 떠올랐다. 그러던 시간은 갑자기 멈췄다. 심장의 고동과 함께 정지해버린 것이다. 날아가던 총알이 공중에서 멈추고 윙윙거리는 엔진 소리가 달아오른 적막 속에서 그치고 십자형 가늠쇠가 흔들렸다. 이윽고 독일 자주포가 움직이기 시작했다.

이렇게 시간은 조금 빨리 흐르기도, 늦게 흐르기도 한다. 때로 정지해버리는 일마저 있다. 미친 듯이 시간이 빠르게 지나갈 때면 "아!" 하는 소리만 간신히 낼 뿐, 주위를 둘러보지도 못한 채 쏜살같이 하루가 지나 어느 새 다시 거울 앞에 서서 면도를 한다. 또는 참을 수 없을 정도로 고통스럽게 천천히, 시간이 흐르기도 한다. 1분 1분이 끝없는 실처럼 길게 늘어지는 것이다.

이런 현상은 무엇 때문에 일어날까? 얼마나 많은 일을 하는지에 달려 있을까? 아니, 대체 일의 양과 시간의 흐름 사이에 관련이 있기나 한 것일까? 일이 많을 때와 쉬고 있을 때 중 어느 쪽 시간이 더 빨리 가는가? 똑같이 일에 치여 허덕일 때도 어느 날은 눈 깜짝할 사이 하루가 지나가는가 하면, 한 시간 한 시간이 마음을 옥죄며 천천히 흐르는 경우도 있다. 이렇듯 상황이 다양하니 시간의 속도가 무엇에 좌우되는지, 무엇이 시간을 빨리 혹은 더디 흐르게 만드는지 명확히 밝히기는 어렵다.

대부분의 사람들은 시간과 나름대로의 관계를 맺는다. 하지만 류비셰프의 경우 그 관계는 대단히 독특했다. 그의 시간은 성취를 위한 시간이 아니었다. 그는 남을 뒤쫓고 1등이 되고 기대를 뛰어넘고 인정을 받고 하는 일들에 초연했다. 그는 도구가 아닌, 창조의 가능성으로서 시간을 사랑하고 아꼈다. 그는 시간을 경건히 대했으며 아무렇게나 써서는 안 되는 자원으로 여겼다. 시간은 물리학적 개념도, 문자판을 따라 도는 바늘의 회전도 아닌 도덕적 대상이었다. 낭비한 시간은 과학 연구에서, 혹은 마땅히 그 시간을 할애받았어야 할 이들에게서 빼앗고 훔쳐낸 시간이었다. 그는 시간이야말로 가장 소중한 것이라 굳게 믿었고 그런 시간을 남을 모욕하거나 경쟁하기 위해 혹은 자만심을 채우기 위해 사용하는 것은 불합리하다고 생각했다. 시간은 윤리적으로 접근해야 할 존재였다. 인간은 자기 일생에서 과연 어떤 일에 시간을 쓸 권리가 있으며 어떤 일에 그럴 권리가 없는가? 류비셰프는 스스로 시간 사용이라는 윤리 행동을 위한 윤리 원칙을 만들었다.

유능하고 조직적인 이들은 스스로를 시간의 주인이라 믿는다. 시간 숭배 경향은 커져만 가고 그 자체가 업무 능력이나 삶의 수완을 나타내는 지표가 된다. 시곗바늘이 우리를 재촉하고 우리는 혹시라도 뒤처질까 앞으로 내달린다. 제대로 경주에 참여하고 있어야, 남들과 비슷한 위치에 있어야만 안심할 수 있다. 그리하여 자유를 헌납해가며 시간을 숭배하고 그 앞에 머리를 조아린다. 시간을 인간에 맞추는 것이 아니라 인간을 시간에 맞추는 꼴이다. 시간은 금방이라도 우리를 앞설 듯 사정 없이 달린다. 시간의 신은 무서운 얼굴로 우리가 해낸 일들을 확인한다. 논문을 얼마나 발표했는지, 제대로 과정을 마쳤는지, 결과물을 얻고 앞으로 전진해 나갔는지 등등……

류비셰프는 전혀 달랐다. 그는 시간에 아등바등 매달리지도, 시간을 두려워하지도 않았다.

류비셰프의 시간에 대해 알게 되면서 나는 즐거운 해방감을 느꼈다. 그의 시간은 밝은 빛과 평화로움에 가득 차 있다. 하루하루의 시간은 가장 중요하고 본질적인 것을 위해 흘러갔다. 마치 나뭇잎이 표면 전체로 햇빛을 빨아들이듯이 말이다.

류비셰프의 시간통계 방법을 분석하다 보니 마치 확대경을 통해 시간을 바라보는 것 같은 기분이 들었다. 단 1분의 시간이라 해도 전체 흐름의 하잘것없는 일부로 단조롭게 흘러가는 일이 없었다. 그 1분은 정확히 계획되어 최대한으로 사용되었고 그리하여 한 단위의 응결된 시간으로 변모했다. 그 1분 동안 이루어진 생각의 흐름이 눈앞에 드러나는 것만 같았다.

나는 우주의 시간이나 세계의 시간이라는 문제에 대해서는 언급하지 않겠다. 하지만 인간의 시간이라는 것은 충분히 인식할 수 있고 그 흐름 소리를 들을 수 있는 대상이라 생각한다.

시간은 원을 그리며 돌아간다. 마지막이 시작 부분과 연결되고 과거가 현재를 앞지른다. 마치 이상한 나라의 엘리스 이야기처럼 말이다. 내 눈앞에는 이미 지나간 죽어버린 시간, 젊음의 힘과 희망으로 가득 찼던 시간이 떠다닌다. 지금은 이미 초라해져버린 공허한 시간의 흔적들이다. 이런 식의 기록문은 애석하게도 나에게 환상적인 묘사를 허락지 않는다. 대신 나는 우리

안에 있는 시간의 거대함, 류비셰프가 발견해낸 그 충분한 원천을 보여주고 싶었다. 인간의 일상이라는 광산 아래 놓인 미개발 자원 말이다.

고대 그리스인들이 그랬듯 시간을 흘러가는 강물에 비유한다면 류비셰프는 강물 위에 수력 발전소나 저수지를 건설한 셈이다. 저 아래쪽 깊은 어딘가에서 터빈이 움직이며 흘러가는 물줄기를 제어한다. 류비셰프에게서 기계적인 면을 찾으려면 아마그 정도가 전부이리라.

더 늦기 전에
시간과 새롭게 관계를 맺어야 할 시간

우리 모두는 시간의 소비자이다. 우리는 시간을 여러 가지 생각과 감정, 일로 바꾸어 나간다. 그리고 전체 시간 중에서 실제 유용하게 사용하는 양은 극히 작고 대부분을 헛되이 흘려보내는 사람이라 해도 늘 시간이 부족하다고 투덜거린다.

류비셰프에게는 시간이 늘 충분했다. 얼마만큼의 시간을 가졌든 그 동안에 무엇이든 해낼 수 있기 때문이었다. 바로 이런 점이 그가 지닌 시간의 특징이었다. 아니, 시간만 그런 것도 아니었다. 류비셰프는 일상 전반에 대해 이렇게 생각했다. 그래서 풍요로웠던 젊은 시절에나, 쥐꼬리만한 연금을 받았던 노년에

나 물질적인 아쉬움이 없었다. 꼭 필요한 만큼만 있으면 그만이었다. 꼭 필요한 만큼이란, 부담을 주지 않고 넘치지도 않아서 좋다. 마치 물이나 빵, 햇빛, 책상이 그렇듯 말이다.

현재뿐 아니라 류비셰프는 과거에 대해서도 존중과 애정을 가졌다. 그는 시간의 흐름, 그 보이지 않는 연결 관계를 분명히 느꼈다. 이런 문제는 체호프의 단편 〈학생〉에도 잘 그려져 있다. 류비셰프는 학문의 문제 하나하나와 부딪칠 때마다 그 개념이 역사적으로 발전되어온 과정을 분석하며 희열을 느꼈다. '지나쳐 온 과정'을 새로이 평가하기도 했다. 때로는 역사가 그를 옭아매어 꼼짝 못하게 만드는 경우조차 있었다. 어째서 류비셰프에게 과거가 그토록 중요했을까? 그건 나도 모르겠다. 그래서 체호프의 걸작 단편을 인용한 것이다. 이 소설에도 구체적인 설명은 없다. 하지만 읽고 나면 모든 것이 명료해진다.

기본 업무 시간 짬짬이 틈을 내어 류비셰프는 자신을 가르쳤던 스승에 대해, 학교에 대해, 부모님에 대해, 구르비치나 다비도브, 이사예프 같은 학자들에 대해 글을 썼다. 이런 글들을 보면 미래만을 중시하는 오늘날 사람들이 쉽게 잊고 마는 과거에 대한 감사의 마음이 담겨 있다.

나는 류비셰프의 시간을 살피면서 경험한 즐거움이나 시기심을 절대로 부끄럽게 여기지 않는다. 크리스탈인 양 단단하고 투명한 그 시간은 나를 놀라게 했다. 수십 년의 세월이 그야말로 한눈에 들어왔다. 그렇듯 투명한 삶으로 이 시대를 살아간다는 것은 드물기 짝이 없는 일이다. 나는 시간과 이성적이고도 인간적인 관계를 맺는 일이 앞으로 점점 더 중요하게 부각되리라 확신한다. 이는 단순한 시간 절약 기술이 아니다. 인간이 자기 행동의 의미를 이해하도록 하는 문제이다. 시간은 지하자원이나 숲, 호수 등과 다름없는 우리 사회의 자산이다. 현명하게 사용할 수도, 아무 쓸모없이 만들어버릴 수도 있다. 쓸데없는 수다나 늦잠, 유행 추구, 음주 등 시간을 쉽게 낭비하도록 유혹하는 일도 많다. 조만간 학교에서 '시간 활용법' 같은 과목을 가르쳐야 할 판이다. 이제 나는 우리 모두 어린 시절부터 자연과 시간에 대한 사랑을 배워야 한다고 확신한다. 시간을 어떻게 아껴야 하는지, 어떻게 시간을 캐내야 하는지 배우는 것이다.

가장 중요한 것은 시간통계 방법을 가르치는 일이다. 이 점에서 물론 가장 이상적인 본보기는 류비셰프일 것이다.

물론 내가 우리의 주인공에게 완전히 매료되기만 한 것은 아니다. 그에게도 단점과 편협함이 있었다. 인문과학을 경시했고 미학에 대해서도 오만한 태도를 취했다. 푸시킨을 참을 수 없을 정도로 심하게 깎아내렸고 도스토예프스키 역시 신랄하게 비난해야 하는 대상으로 여겼다. 한마디로 말해 류비셰프 또한 여러모로 결함을 가진 인물이었던 셈이다. 하지만 가까이 다가가 그의 모든 취향과 습관을 샅샅이 살펴본다면 그 어떤 위대한 인물이라 해도 유사한 단점을 드러낼 것이다. 어떤 식으로든 류비셰프를 접해보았던 사람들은 다시 그를 찾곤 한다. 그런 사람의 수는 류비셰프가 이 세상에 없는 지금도 계속 늘어나고 있다. 물론 이미 내 나이가 많이 들어 류비셰프의 경험을 본보기로 삼아 그대로 살기에는 너무 늦어버렸다는 점은 서글프다. 특별히 한 일도 없이 낭비한 시간이 얼마나 많았는지 헤아릴 수조차 없을 정도이다.

하지만 다른 식으로 생각할 수도 있다. 아무리 짧은 시간이 주어져도 무슨 일이든 할 수 있다면, 시간과 새로운 관계를 맺기에 이미 늦어버린 나이라는 것도 존재하지 않으리라. 남은 인생이 얼마만큼이 되어야 새로운 방식을 도입할 수 있다는 말인가! 아니, 오히려 남아 있는 시간이 적을수록 그 시간을 더욱 현명하게 사용해야 하는 것이 아닌가.

참, 이상한 일이다. 이렇듯 단순하게 결론을 내리는 순간에도 나는 왠지 모든 것을 유용함으로 귀결짓고 싶지는 않다. 그래서는 영 재미가 없다. 그리하여 자꾸 엉뚱한 생각에 빠진다. 우리의 주인공은 진정한 영웅일까? 그의 삶은 우리가 본받아야 할 만큼 영웅적이었을까? 과연 정말로 그랬을까?

영웅이라는 존재는 밝게 타오르는 빛이다. 이렇게 타오르자면 엄청난 노력이 요구된다. 영웅성은 평범함을 넘어서는 행동으로 귀결되곤 한다. 위업을 달성하는 과정에서 영웅은 모든 위험을 무릅쓰고 자기를 희생한다. 때로는 목숨을 내놓기도 한다. 진실을 위해, 다른 사람을 위해, 혹은 조국을 위해서 말이다. 하지만 류비셰프에게는 그런 면이 없었다.

류비셰프는 일순간 밝게 타올랐다기보다는 늘 꾸준했다. 부단히 자신을 통제했다. 그는 매일같이 스스로에 대한 요구 수준을 높여갔고 조금의 예외도 인정하지 않았다. 그렇다면 이것 역시 영웅적 업적으로 보아야 하지 않겠는가! 해가 갈수록 이를 위해 더 큰 노력이 투입되었다.

그는 자신에게 숨 고를 틈도 주지 않으며 십자가를 짊어졌다. 다른 사람의 인정이나 찬사를 바란 것도 아니었다. 오직 스스로에게 요구할 뿐이었다. 요구하는 수준이 높아질수록 자신의 불완전함이 더욱 명백하게 드러났다. 이는 매일의 변함없는 노력을 통해 축적되는 가장 어려운 위업이었다. 날마다 자신에 대한 통제와 감독이 심화되었다.

독자 여러분 중에는 이런 일에 '위업'이라는 단어가 어울리는지 의문을 제기하는 사람도 있을지 모른다. 그는 결국 스스로의 만족을 추구한 것뿐인데 이게 무슨 위업이란 말인가?

언제나 이런 식으로 의문을 제기하는 사람이 있게 마련이다. 아무도 환영하지 않는 상황임에도 불구하고 류비셰프 같은 존재가 사라지지 않는다는 건, 그 자체로 아주 고마운 일이다. 다만 한번 고개를 쳐든 의문은 나를 곤란에 빠뜨렸다. 다시 말해 류비셰프의 모든 노력과 열정이 괴롭히기는커녕 만족을 가져오는 것이었다면, 또한 류비셰프 스스로 결코 벗어날 생각이 없는 것이었다면 과연 이것을 십자가라 부를 수 있을까? 시간통계 방법을 위해 그가 희생한 것은 무엇인가? 아무것도 없지 않은가. 무슨 특별한 실패나 위험을 무릅쓴 것도 아니다. 이렇게 보면 그의 인내심, 성실성, 의지력 같은 것에 감탄할 필요도 없다. 아이가 식성이 좋다고 칭찬하는 것과 무엇이 다를까.

이런 식이라면 스스로를 행복하게 만드는 일은 절대 위업이 될 수 없다는 결론에 도달하고 만다. 위업이 아니라면 우리에게 주는 교훈도 없을 것이다. 학문적 업적에 대해서는 어떻게 생각해야 할까? 실제로는 그가 학문을 위해 봉사했다기보다 오히려 학문이 그를 위해 봉사했던 것이 아닐까?

시간이 한참 흐른 후 나는 류비셰프 자신도 이렇게 생각했다는 점을 깨달았다. 참으로 놀라운 일이 아닐 수 없다. 다만 매일매일 자신을 극복해 나가는 데서 행복을 느끼자면 엄청난 정신력이 필요하다. 그리고 한 걸음 떨어져 이 부단한 전진을 관찰하는 것만으로도 우리는 감탄과 부러움, 인간의 정신력에 대한 존경심을 품게 된다.

류비셰프에게는 영웅적인 위업이 아닌, 그보다 더 큰 것이 있다. 바로 훌륭한 삶이다. 이것이 이상하고 비밀스러운 수수께끼로 여겨지는 이유는 류비셰프가 자신의 특별한 삶을 지극히 당연하게 여겼기 때문이다. 어쩌면 이것이야말로 이성을 따르는 자연스러운 삶이 아니었을까? 어쩌면 가장 어려웠던 일은 1분 1초를 의미 있게 살면서 이를 자연스럽고 당연한 일로 여기는 것이 아니었을까? 그가 학문에서 얻은 것은 그가 학문에 준 것보다 더 많았다. 이 역시 그에게는 지극히 자연스러웠지만 우리에게는 이상한 일이다. 아마 이는 그가 학문에 모든 것을 다 바친 덕분이었으리라.

그의 삶에는 이런 비밀이 많이 숨어 있다. 그리고 솔직히 나는 그 모두를 평가할 수도, 이해할 수도 없다. 모두를 위한 교훈을 이끌어낼 수 있는 입장은 더더욱 아니다. 그리하여 이제 글을 끝내는 상황에서도 명확한 결론을 내리고 독자들에게 충고를 줄 수가 없다. 아니, 나는 독자들이 그런 것을 요구하지 않으리라 기대한다. 류비셰프에 관한 글을 마치는 지금, 나는 그저 나 자신의 삶을 되돌아보게끔 해준 우리의 주인공에게 깊이 감사할 뿐이다.

어떻게 시간을 관리하며 살아야 하는지에 대한 책은 참 많다. 너나할 것 없이 숨가쁘게 살고 있는 시대여서 그런가 보다. 하지만 이 책은 좀 다르다고 말하고 싶다. 원칙을 제시하는 데 그치지 않고 그 원칙에 따라 평생을 살아간 사람의 이야기가 담겨 있기 때문이다.

우리에게는 퍽이나 생소한 류비셰프라는 이 인물은 20대에 세운 인생의 목표를 변함없이 추구했고 평생의 시간을 계획하고 측정하고 평가하며 살았다. 그는 다른 모두가 이미 인정하고 받아들이는 사고방식이나 관행에 홀로 의문을 제기했고 헤아릴 수 없이 많은 분야에 대한 관심과 연구를 바탕으로 통합 학문을 지향한 학자였다. 하지만 대단한 명예나 부는 얻지 못했고 오히려 평생 온갖 고초를 겪었다. 세상과 타협하며 편안히 사는 길을 포기하는 사람이란 늘 그렇게 마련이지 않은가.

누구나 이렇게 살 수는 없다. 하지만 이런 인물을 보면서 내 삶을 돌이켜 생각하고 10%, 아니 다만 1%라도 개선해낸다면 우리네 보통 사람에게는 대성공이리라.

다른 이의 주장에 대한 포용력, 자기 자신의 초라한 모습을 분석해 기꺼이 대면하는 용기, 학문에 대한 개방적 사고, 시간 통계 방법의 꾸준한 실천, 창의적인 독서 방법 등 그는 우리에게 참 여러 가지를 가르쳐 준다. 이 책을 읽은 분들이 각자 처한 상황에 따라 모두들 서로 다른 교훈을 얻을 수 있을 정도로 말이다.

개인적으로 내가 이 책을 읽고 옮기면서 가장 크게 배운 점은 늘 시간에 대해 생각하며 사는 것이 흔히 생각하듯이 각박한 일이기는커녕 가장 여유로운 삶의 방법이라는 것이었다. 일할 때, 친구와 이야기할 때, 휴식할 때, 여행할 때, 그 순간 순간에 최선을 다하도록 하는, 그리하여 시간과 행복하게 공존하게끔 해주는 방법 말이다. 일하는 것도 아니고, 그렇다고 쉬는 것도 아닌 그런 흐지부지한, 그러면서도 마음 불편한 시간이 나에게 얼마나 많았던가!

마지막으로 이 책의 출간을 기획한 황소자리 출판사 여러

분, 저작권 협상에서부터 각종 자료 제공에까지 늘 협조적이었던 저자 다닐 그라닌, 그리고 2003년 2학기 선문대학교 통역번역대학원 한노과 번역 수업 시간에 만나 함께 이 책을 읽고 고민하며 번역했던 나의 학생이자 동료인 조금선 님에게 감사드린다.

2004년 1월, 이상원

이상원

서울대학교 가정관리학과와 노어노문학과를 졸업하고 한국외대 통번역대학원에서 석사와 박사 학위를 받았다. 1998년에 출판번역을 시작해 《성서 그리고 역사》《홍위병》《시간을 정복한 남자 류비셰프》《프리메이슨》《콘택트》《아버지와 아들》《레베카》《적을 만들지 않는 대화법》등 90여 권의 번역서를 출판했다. 2000년부터 여러 대학과 대학원에서 번역 강의를 했다. 2006년 이후 서울대학교 기초교육원 강의교수로 일하며 인문학 글쓰기를 비롯한 교양 강좌들을 운영하고 있다.
저서로 《번역은 연애와 같아서》《서울대 인문학 글쓰기 강의》《매우 사적인 글쓰기 수업》《엄마와 함께한 세 번의 여행》등이 있다.

조금선

중고교 시절을 러시아에서 보낸 후 선문대학교 러시아어과 및 동 대학교 통역번역대학원 한노과를 졸업했다. 러시아어 통번역 전문가로서 다수의 통역 · 번역 경험을 가지고 있다.

시간을 정복한 남자, 류비셰프

첫 판 1쇄 펴낸날 2004년 1월 30일
개정판 1쇄 펴낸날 2020년 12월 20일
개정판 2쇄 펴낸날 2023년 12월 5일

지은이 | 다닐 그라닌
옮긴이 | 이상원 조금선
펴낸이 | 지평님
본문 조판 | 성인기획 (010)2569-9616
종이 공급 | 화인페이퍼 (02)338-2074
인쇄 | 중앙P&L (031)904-3600
제본 | 명지북프린팅 (031)942-6006

펴낸곳 | 황소자리 출판사
출판등록 | 2003년 7월 4일 제2003-123호
대표전화 | (02)720-7542 팩시밀리 | (02)723-5467
E-mail | candide1968@daum.net

ⓒ 황소자리, 2004

ISBN 979-11-85093-71-0   03300

* 잘못된 책은 구입처에서 바꾸어드립니다.